將來的你，
一定會感謝現在拚命的自己

湯木——著

目錄 CONTENTS

01 心中有了方向，才不會一路跌跌撞撞

停住匆匆趕路的腳步，傾聽內心的聲音　　　010

為將來的自己贏得一片天地　　　013

知道自己去哪裡，世界都為你讓路　　　016

沒有計畫的人一定會被計畫掉　　　019

井底之蛙，永遠看不到遼闊的大海　　　023

人生有主見，青春不迷茫　　　026

02 胸懷有多寬廣，未來就有多遼闊

生命的獎賞從來不在起點　　　030

在吃虧中不斷成長和成熟　　　033

不設限的人生有無窮潛力 037

沒有誰永遠站在山頂 041

為小事生氣的人，生命是短促的 045

沒有寬恕，就沒有未來 048

不為明天的落葉而煩惱 052

03　習慣千差萬別，未來天壤之別

播下一種習慣，收穫一種命運 056

好習慣讓人更容易抓住機遇 059

敬業，讓整個世界如臨大敵 063

成功者千方百計，失敗者千難萬難 066

養成理財的習慣，一輩子高枕無憂 069

04　幸運的人總是幸運，倒楣的人總是倒楣

你的人際關係，決定你的未來 072

目光長遠的人，懂得建立好的人際關係 075

不與「窮人」交朋友 078

懂得拓展人際關係，讓資源勢不可擋 081

好的形象為自己贏得好的未來 085

05 躲過陷阱，未來的人生一帆風順

目光短淺的人，最容易驕傲自大　　088

今天不留餘地，明天山窮水盡　　092

做一個最「糊塗」的聰明人　　094

顯山露水，不如鋒藏守拙　　097

目光長遠者最懂分寸，知進退　　101

別上了固執的當　　105

06 看得遠，就更懂得誠信的珍貴

誠信是一輩子的財富　　110

誠信讓未來的日子一帆風順　　114

你信守承諾，別人才會信任你　　117

誰都願意信賴守信的人　　120

07 今天克制自己，將來才能成就自己

忍是人生永不敗北的策略　　124

抬頭之前先低頭　　126

別讓「忍不住」害了你　128

不生氣，才能贏得明天　131

每一次忍讓，都是一種造就　134

知退讓，懂屈伸　138

08　把握內心，別讓它改變了你的節奏

控制情緒就能把握人生　142

為了身體，也應該讓自己靜下來　145

脾氣來了，福氣沒了　148

你無法改變天氣，但可以改變心情　151

人生難得，保持一顆平常心　154

09　浮躁世界的靜心之道

浮躁是人生的大敵　158

反省是人生的必修課　162

別著急，慢慢來，屬於你的歲月都會給你　165

自尋煩惱的人，不可能有平靜的日子　167

面對生活，需要一顆樂觀的心　170

10 要相信，沒有到不了的明天

善於等待的人，一切都會及時到來   174

淡看人生，善待生命   177

最難以抵擋的，莫過於欲望   180

用知足抵擋內心的魔鬼   183

大氣的人才能成大器   186

太敏感的人最喜歡自尋煩惱   189

豁達才能讓未來充滿希望   193

用平和梳理人生   196

不經痛苦的忍耐，怎能有珍珠的璀璨   198

11 你唯一能把握的，是變成更好的自己

想成功，就要對自己狠心   202

咬緊牙根，人生沒有過不去的坎   205

不狠心，怎能改掉惡習   208

狠下心，絕不為自己找藉口   211

戰勝自己的人，才配得到上天的獎賞   214

多一分磨礪，多一分強大   217

12 破曉總是為了等待它的人來臨

沒有夢想，何必遠方 220

不是每個人都可以心直口快 222

你必須承受成功前的寂寞 224

沒有誰的人生不需要分享 226

放縱自己就等於放棄自己 229

13 人生總有一段彎路

改變可以改變的，接受必須接受的 232

狠得下，才能捨棄該捨棄的 235

人生是活給自己看的 238

學會心安，天地自寬 241

世上沒有一片完美的葉子 244

今天的放棄，是為了明天的得到 247

放下，下一站就是幸福 250

14 人生沒有唾手可得的晚餐

果斷出手，才能抓住機遇 254

不想創業的人永遠沒有事業　　257

做自己人生的「伯樂」　　260

拖延就是對人生的不負責任　　265

敢於冒險的人生有無限可能　　268

吃得苦中苦，方為人上人　　272

人生愛拚才會贏　　275

15　拚一把，讓明天的你感謝今天的自己

永遠做最出色的那個人　　280

狠角色絕不輕言放棄　　284

做一杯用沸水沏的茶　　287

你無法讓所有人滿意，那就盡心做好自己　　290

「敢為天下先」是一種無畏的氣概　　293

小事全力以赴，大事水到渠成　　297

你能，是因為你認為自己能　　300

Chapter 01

心中有了方向，才不會一路跌跌撞撞

大多數人在匆匆趕路時，不考慮方向，結果去了些根本不值得去的地方。沒有方向，努力就失去意義，要記住，方向永遠比努力更重要。

停住匆匆趕路的腳步，傾聽內心的聲音

成功的人之所以能成功，在於他們有個共性，就是善於把握前進的方向，無論做什麼事情，把目標看清楚後，再開始行動。否則，和〈南轅北轍〉故事中那愚蠢的人，又有什麼區別呢？

某些人常抱怨命運不公，感嘆為何每天忙忙碌碌，但成功的人偏偏不是自己？難道這不是不公平嗎？我相信不少人都曾有這樣的迷茫和困惑。當你覺得世界虧待自己時，不妨在夜深人靜時深思，「真的是命運不公嗎？自己每天忙忙碌碌，努力的方向是正確的嗎？」

世上有些人忙碌一生，最終卻一事無成，最關鍵的因素，就是沒注意到自己努力的方向是否正確，很可能將精力消耗在偏離方向且不重要的事上，白白做了許多無用功。他們在羨慕別人的同時，往往不知道自己的失誤在哪裡。

下面有個簡單的故事，蘊含著深刻的道理，告訴我們「明確努力的方向有多麼重要」。

貞觀年間，長安城西的一家磨坊，有一匹馬和一頭驢。牠們是好朋友，馬在外面拉車，驢子在屋裡拉磨。某天，這匹馬被玄奘大師選中，出發前往印度取經。十七年後，這匹馬馱著佛經回到長安，並重回磨坊會見驢子朋友。老馬談起這次旅途的經歷，那神話般的境界，驢子聽了大為驚異，驚嘆道：「你有多麼豐富的見聞呀！那麼遙遠的路，我連想都不敢想。」老馬說：「其實，我們跨過的距離是相等的，當我向西域前進時，你一步也沒停止。不同的是，我和玄奘大師有個遙遠的目標，按照始終如一的方向前進，所以我們打開了廣闊的世界。而你卻被蒙住了眼睛，一生圍著磨盤打轉，永遠走不出這狹隘的天地。」

故事的道理直白到不必再附加說明，它告訴我們，一個沒有正確方向的人，將永遠在狹小的天地裡折騰。儘管他非常努力，但一旦方向錯誤，所有付出都會變得毫無意義。

有位哲人曾說過，人最重要的不是取得的成績、所在的位階，而是他所面對的方向。〈南轅北轍〉的故事幾乎人人知道，試想，再出色的良馬和再高超的駕術，為何都不能讓故事的主人公直奔目的地呢？就是因他選錯了方向，可見方向有多麼重要。只有選對方向，才有前進的動力、成功的希望。正確的方向既是成功的開始，也是成功的保證。

美國一個著名科學家曾進行一項有趣的試驗。他在兩個玻璃瓶

內，各放進五隻蒼蠅和五隻蜜蜂，並將玻璃瓶底部對著光源，將開口朝向陰暗處。幾個小時後，科學家發現，那五隻蜜蜂全撞死了，而五隻蒼蠅早在玻璃瓶後端找到出路。

一向勤勞、聰明的蜜蜂，為何找不到出口呢？經研究發現，蜜蜂透過經驗，認定有光源處才是出口，於是不停重複這種「合乎邏輯」的行為。牠們每次朝光源飛，都用盡了力量，撞牆後仍不吸取教訓，爬起來繼續朝同一個方向撞擊。同伴們的犧牲並不能喚醒覺悟，牠們依舊朝向光源拚命掙扎，最終導致死亡。而那些蒼蠅，由於對事物的邏輯毫不留意，全然不顧亮光吸引，四下亂飛，結果卻發現正確的出口，因此獲得了自由和新生。

其實，生活中類似蜜蜂和蒼蠅的事例實在太多了。某些人目光不夠長遠，努力的方向明明錯誤仍一直堅持，不懂得調整，結果使自己陷於忙碌與無所作為的境地。成功的人之所以能成功，在於他們有個共性，就是善於把握前進的方向，無論做什麼事情，都把目標看清楚後，再開始行動。若沒有明確的方向和目標，一味蠻幹，和〈南轅北轍〉故事中那愚蠢的人，又有什麼區別呢？

大多數人在匆匆趕路時，不考慮方向，結果去了些根本不值得去的地方。沒有方向，努力就失去意義，要記住，方向永遠比努力更重要。

為將來的自己贏得一片天地

若注意力僅盯著眼前的薪資，滿足於手頭的工作，不提升
自己的能力，發現更遼闊的天空，又怎能在未來為自己贏
得一片天地呢？

微博上，一個朋友向我抱怨，說自己在公司工作五年，任勞任
怨，卻得不到上司的提拔和重用，因此十分苦惱。

五年的時間不算短，在當今跳槽頻繁的社會，在一家公司任職
五年實屬難得。但為何工作了五年，卻沒得到晉升機會呢？我
想詳細了解朋友的工作狀況。

這位朋友名叫劉健，是名留學機構的諮詢員。工作中，他無疑
是出色的，面對顧客總能保持十二分的熱忱和耐心，有問必
答，深受好評。與同事相處時也親切友善、風趣幽默，和他在
一起絕不會冷場，大家都十分喜歡他。然而下班後，劉健就像
洩了氣的氣球般，無精打采。

他說，每次下班回家，不管是坐車或走路，他都如行屍走肉，
提不起精神與人打招呼，對一切事物都沒興趣。即使回到家

裡，面對家人，他也興致缺缺，大部分都坐在電腦前打發時間，卻又不知該做什麼，總一天混過一天。時間一久，太太開始抱怨他愈來愈冷淡，覺得他變了，甚至懷疑他是否有了外遇。他覺得人生如同時鐘，每天只是按部就班地進行，沒有盡頭，沒有激情，即使節假日也只窩在家裡睡覺，什麼都不想做。

「難道我的人生只能這樣了？」劉健一臉愁容。

聽完朋友的故事，我終於明白他為何五年都沒升職的原因了。

生活中不少人像劉健一樣，日復一日地忙忙碌碌，固定的生活模式成了必然，但成功卻沒青睞他們，為何會這樣呢？我想很大一部分原因，在於我們的目光不夠遠。俗話說，精明的人看得懂，高明的人看得遠。若注意力僅盯著眼前的薪資，滿足於手頭的工作，不提升自己的能力，發現更遼闊的天空，又怎能在未來為自己贏得一片天地呢？

從公司領的薪資再多，也都是老闆給予的。看得遠的人不僅看到眼前的薪資，更懂得挖一口屬於自己的井，讓財路源源不斷。

下面這則發人深省的故事，就深刻地告訴我們這個道理。

有兩個和尚分別住在相鄰兩座山上的廟裡，兩座山之間有條溪，這兩個和尚每天都會在同個時間下山，去溪邊挑水，久而久之便成了好朋友。就這樣，時間不知不覺已過了五年，有天，左邊這座山的和尚沒有下山，右邊那座山的和尚心想：「他大概睡過頭了。」便不以為意。哪知道第二天，左邊山頭的和尚還是沒來挑水，第三天也一樣。一個月過去了，右邊那座山的和尚終於忍不住，心想：「我的朋友可能生病了，我要過去拜訪他，看看能幫上什麼忙。」於是便爬上了左邊的山，去探望老朋友。

等他到了山頂上的廟，看到老友後卻大吃一驚，因老友正在廟前打太極拳，一點也不像一個月沒喝水的人。他很好奇地問：「你已一個月沒下山挑水，難道你可以不用喝水嗎？」左邊這座山的和尚說：「來來來，我帶你看一樣東西。」

於是他帶著右邊那座山的和尚走到後院，指著一口井說：「這五年來，我每天做完功課後，都會抽空挖這口井，即使有時很忙，能挖多少算多少。如今終於挖出井水，就不用再下山挑水，才有更多時間練我喜歡的太極拳。」

看得遠的人明白，再多薪資都只是「挑水」，他們不把目光局限在這裡，懂得挖一口屬於自己的井。即使到了挑不動水的暮年，還能有水喝，而且喝得很悠閒。

知道自己去哪裡，世界都為你讓路

> 人生的道路坎坷，但只要知道自己該去哪裡，就能在柳暗花明處，找到屬於自己的成長快樂。

有句名言道：「一個人只要知道自己去哪裡，全世界都會為他讓路。」

某個從事職業規畫與諮詢的朋友，曾說過一段意味深長的話。「我經過多年的工作及觀察，發現與微薄的收入和沉重的生活壓力相比，更讓人內心煎熬的是，大批年輕人並不清楚自己真正想要什麼。他們不知道將來要做什麼，不知道要走向何方，不知道在哪裡需要堅持、哪裡需要放棄。他們甚至不知道自己喜歡什麼、討厭什麼……一直處於隨遇而安的狀態，自然就不會努力。即使有的人努力了，並取得了一些成就，驀然回首，也會發覺目前所擁有的一切，不是自己真正想要的……」

你遇過這種苦惱嗎？我想不僅剛畢業的新鮮人會遇到這種煩惱，即便是工作多年的老鳥，也難免會不知道該往哪個方向努力，於現實中迷失了自己。

張女士從事客服近十年，很清楚自己在公司已沒什麼發展，因此三年前就動了轉行的念頭。但「隔行如隔山」，轉行談何容易？所以每當想轉行時，她又留戀起現在穩定的生活，況且尚未想好轉做哪一行，於是日子就渾渾噩噩地過著，偶爾在夜深人靜，想到自己的未來在哪裡時，壓力油然而生，才開始想出路。但這種「晚上想想千條路，白天醒來走老路」的做法，也造成了她直到現在尚未轉行，反而在蠢蠢欲動的想法中，一次次感到痛苦。轉還是不轉，都很苦惱。

若你總抱著走一步算一步的心態，只會讓自己生活在迷茫中，這種隨遇而安的心態並不是豁達，恰恰是怯懦的表現。你真正缺乏的是與生活搏擊的勇氣，害怕挑戰，害怕失敗，害怕歸零，因此更多時候選擇順從。

你自己都不知道想要什麼，命運又怎會給了你想要的東西呢？而當你自己知道想要什麼、並為之努力時，世界就會為你讓路。

金台鎬被提名為總理時，還不到四十八歲。小時候他家裡很窮，高中時一度想放棄學業，幫助日益蒼老、佝僂的父母做事餬口，但遭到父親堅決反對。

父親說：「家裡的貧困是暫時的，我扛得住，只希望你好好學

習，透過自己的努力，擁有更燦爛的明天。」

從此，金台鎬牢記父親的教導，發誓一定要做最成功的人。於
是，他一頭鑽進高中課程，經過艱辛的努力，畢業後考進了韓
國頂級高等學府──首爾大學，攻讀農學。大學畢業後，原想
繼續深造成為學者，在一次機緣巧合下，金台鎬認識了前總統
金泳三的一名高級助手，在對方的影響下，選擇了公務員的工
作。擔任公職期間，他披肝瀝膽，一路升遷，直至被提名為總
理，他在民眾心中留下的都是新思維、廉潔、親民、堅韌、勇
於挑戰等良好聲譽。

回憶起自己的成長歷程，金台鎬說：「我身為牛販的兒子，既
沒錢也沒權。僅憑自己堅定的信念，為之付出努力。我想告訴
年輕人，別害怕失敗，只要你知道自己想去哪裡，世界都會為
你讓路。」

這是對年輕人最好的忠告。人生的道路坎坷，但只要知道自己
該去哪裡，就能在柳暗花明處，找到屬於自己的成長快樂。帶
著堅定而輕鬆的心態前行，就一定能找到全世界都會為你讓路
的智慧和處世哲學。

沒有計畫的人一定會被計畫掉

人生有規畫才不會迷茫，人生規畫不僅讓我們清楚自己現
在所處的位置，更標識著下一步要邁出的方向……

我經常聽到身邊的朋友說這些話，「我很迷茫……」、「我後悔
了……」、「若時間重來，我一定會……」

你是否也經常抱怨老天不公平、生活壓力繁重、人際關係難
處、工作不如意呢？新東方創始人之一的徐小平曾說過：「人
生沒有設計，你離挨餓只有三天。」話雖有些誇張，但在競爭
如此激烈的社會，「人生需要規畫」是毋庸置疑的思想理念。

但事實是，世上有七十多億人口，能按照自己的意願生活的人
少之又少，為何會這樣呢？

讓我們借用哈佛大學的著名試驗來說明。

二十世紀中葉，一位哈佛大學的著名社會學教授，訪談了一千
名即將畢業的學生，問他們一個簡單的問題，即「您對人生有
無清晰的規畫」。得到的結果是，只有很小一部分（不到百分

之四）的學生，擁有清晰的人生規畫；一部分（大約占百分之十六）的學生雖有規畫，但並不清晰。

三十年過去，這位執著的教授又回訪了這些學生，除了三十五位因過世或其他原因未能聯繫上，其他九百六十五名學生都取得了聯繫。教授透過他們的健康、家庭、事業、情感、財務等多項指標統計，發現一個有趣卻驚人的結果。資料顯示，當年擁有清晰人生規畫的學生，在以上的各項指標中，得分都是最高的，他們不僅擁有健康的身體、美滿的家庭、成功的事業，還獲得了平衡的心靈和令人羨慕不已的財務自由。

而那些人生規畫模糊的人，雖其中不乏薪資較高者，但在健康、家庭與心靈等諸多方面，產生了不少矛盾，身心疲憊成為他們一致的特徵。

當然，在回訪人群中占最多的，是當年百分之八十以上沒任何規畫的人，他們一般是工作幾年後，一旦衣食無憂了，就不再持續努力，所以多數人只能長期做為一般職員、技術員或銷售員，而不能取得非凡的成就，甚至還有不少人依靠政府的失業救濟金勉強度日。

可見，就連哈佛大學這樣的世界名校，也不能保證每個人都能成功，更何況是我們這種普通人。那該如何才能成為那百分之

四、擁有完美人生的「幸運兒」呢？關鍵就在於一定要有清晰的人生規畫！

沒有計畫的人往往會被規畫掉，用心規畫的人生才更容易成功。

這裡有則故事。一九四四年，美國洛杉磯郊區一個十五歲少年約翰‧戈達德，在「一生的志願」表格上，認真填寫了一百二十七個目標。這些目標包括到尼羅河、亞馬遜河和剛果河探險；登上珠穆朗瑪峰、吉力馬札羅山；騎上大象、駱駝、鴕鳥和野馬；探訪馬可‧波羅、亞歷山大一世走過的道路；駕駛飛行機起飛降落；讀完莎士比亞、柏拉圖和亞里斯多德的著作；寫一本書……

寫完後，他訂下每個目標的編號後說：「這就是我的生命志願，我要用自己的生命一一完成！」

十六歲那年，他和父親到喬治亞州的奧克費諾基大沼澤和佛羅里達州的艾佛格萊茲探險，完成了表上第一個項目；十八歲的秋天，他踏著漫天落葉離開家鄉；二十歲時，他成為一名空軍駕駛員；二十一歲時，他已到二十一個國家旅行過；二十二歲，他在瓜地馬拉的叢林深處，發現了一座瑪雅文明的古廟。同年，他成為洛杉磯探險家俱樂部，有史以來最年輕的成

員⋯⋯在亞馬遜河探險時，他幾次船毀落水，差點死去；在剛果河時，幾乎葬身魚腹；在吉力馬札羅山上，遇到雪崩，甚至被凶猛的雪豹追逐。將近六十歲時，他已實現了一百二十七項目標中的一百零六項，在普通人看來，這實在是個奇蹟。

想賺一億的人和想賺百億的人，他們賺錢、花錢的方式肯定不同；想攻讀博士學位的人，和一心盼著畢業就踏入社會工作的人，在學習的量和質上，一定會有很大的差距。造成差距的原因，就在於你是如何規畫自己的人生。人生有規畫才不會迷茫，人生規畫不僅讓我們清楚現在所處的位置，更標識著下一步要邁出的方向⋯⋯

井底之蛙，永遠看不到遼闊的大海

> 思想低的人，如同站在谷底，「只見樹木，不見森林」；
> 思想中等水準的人，如同站在山腰，「橫看成嶺側成峰，
> 遠近高低各不同」；思想高的人，如同站在山頂，「不為
> 浮雲遮望眼，只緣身在最高層。」

讀過寓言故事〈井底之蛙〉的人，難免會嘲笑井底的青蛙見識
短淺、故步自封。其實，那個常常被我們嘲笑的「井底之蛙」
實在冤枉。為何冤枉呢？因那隻青蛙就生活在那個環境，牠之
所以看不到遠方的大海、看不到遼闊的草原，是因為牠站得太
低。一隻整天站在井底的青蛙，除了上面的一小塊藍天，還能
指望牠有多遼闊的視野呢？

俗話說，站得高才能看得遠。牛頓是影響人類歷史最大的科學
家之一，牛頓去世後，有人寫下詩歌讚美他：

宇宙和自然的規律隱藏在黑夜裡，

神說：讓牛頓降生吧！

於是一切都成了光明。

然而在一六七六年，謙虛的牛頓在給朋友的一封信中卻寫道：「若我比別人看得遠些，那是因我站在巨人們的肩上。」據說他還講過：「我不知道世人怎麼看我，但在我看來，我就好像只是在海濱嬉戲的孩子，不時為比別人多找到一塊更光滑的卵石，或一個更美麗的貝殼感到高興，而我面前浩瀚的真理海洋，卻還完全是個謎。」

很多人認為，這些話不過是牛頓的自謙詞，其實，牛頓用他的成功詮釋了這個道理——只有你站得夠高，才能看得更遠。

人的思想和對事物的看法，如同參差不齊的山巒，有高低層次的區別。很多時候，人的思想層次和眼界高低，決定著你對事物的認知深淺。

有這樣一個故事，三個人正一起蓋房子。有人問他們：「你們在做什麼？」第一個人回答：「我在賺錢。」第二個人回答：「我在蓋房子。」第三個人回答：「我在建造一座人間最美的建築。」結果第三個人成了著名的建築師。

這個寓言很古老，也很直白。我以前看到它，雖有一絲感覺，卻未能深刻領會其中奧義，但今日再看，依然有收穫。是的，

同樣一件事，在不同人心中有著不同的理解，正是這份看法和理解，體現了迥異的思想，思想往往決定了人的成長及一生的成就。即使面對同一件事，有人僅看到表象，有人能看透本質，有人卻能舉一反三，找出類似事物的運動、發展規律，提出不同凡響的預見，因此能在芸芸眾生中脫穎而出。

看得遠的人，是思想有高度的人。思想低的人，如同站在谷底，「只見樹木，不見森林」；思想中等水準的人，如同站在山腰，「橫看成嶺側成峰，遠近高低各不同」；思想高的人，如同站在山頂，「不為浮雲遮望眼，只緣身在最高層。」

看得遠固然重要，但想看得遠，就必須要求自己先站得高。有些風景，若不站在高處，永遠體會不到它的魅力；有些路，若不啟程，永遠不知道它是多麼美麗。

人生有主見，青春不迷茫

主見是每個成功者不可缺少的素質，它是一位導師，為站在人生十字路口和關鍵時刻的人指點迷津。

什麼是「羊群」（The Effect of Sheep Flock）？在回答問題之前，我們先看一則十分有趣的笑話。

一位石油大亨到天堂參加會議。他興匆匆地跑進會議室，卻發現會場座無虛席，早已沒有自己的座位。於是他靈機一動，大喊：「夥伴們，聽說了嗎？剛才他們在地獄發現了石油！」此話一出，天堂裡的石油大亨們生怕落後一步，被別人奪走利潤，於是紛紛朝地獄跑去。人們蜂擁而出，天堂頓時空了下來，石油大亨剛想找個椅子坐下休息，忽然聽到外面的人說地獄的石油豐富、開採成本小等等。這位大亨心裡納悶，莫非地獄真的發現石油了？於是他也急匆匆地向地獄跑去，天堂又空無一人了。

其實，這則笑話告訴我們，盲目是多麼愚蠢的事。所謂的「羊群效應」，指人們經常受到多數人影響而跟從大眾的思想或行為，也稱為「從眾效應」。人們會追隨大眾所同意的，並不會

自己思考事件的意義。生活中不乏這種「羊群」，他們一味從眾，從來不去考慮事情本身是否正確。缺乏判斷和主見，不能看清狀況，總讓別人牽著鼻子走，結果損失慘重。

王濤是個典型的富二代，在他二十幾歲時，父親把底下一間規模不小的飯店交給他，希望透過打理這家飯店，鍛鍊和培養兒子的管理才幹。他深知父親用心良苦，因此對飯店的管理非常負責，雖然營收並不是一下直衝天際，但也算過得去。

這時，他的一個朋友出主意說，飯店應該推出主打產品，如今天氣冷了，火鍋的生意特別好，火鍋店的顧客絡繹不絕，不如將大酒店改建為火鍋城，生意肯定會更好。王濤聽了覺得有理，便投入二十萬將所有餐桌改裝，又添置了不少設備，做起火鍋生意，可營運了一段時間，生意未見起色。

這時候，又有朋友建議說，現在人們的生活競爭激烈，節奏加快，中式速食挺熱門的，不如改做專營中式點心的快餐廳。他覺得這個主意也挺有道理，又投資十多萬改建。不久又有朋友提出了其他意見，這樣折騰來折騰去，一年多改了四次，投入五十多萬，卻沒多少回報。最後，難以為繼的他垂頭喪氣地來到父親面前求救，父親聽了彙報後只問一句：「你把失敗的原因都歸結為朋友的點子不好，那麼做為總經理，你自己的主見在哪裡呢？」本來還過得去的飯店，就因這個沒有主見的年輕

人盲目跟風而搞砸了，這是多麼慘痛的教訓啊。

我們處在網路時代，資訊異常發達，若盲目隨波逐流，結局往往與自己的願望去遠甚遠，究其原因，皆在於沒能認清自己、沒有自己的主見。主見是每個成功者不可缺少的素質，它是一位導師，為站在人生十字路口和關鍵時刻的人指點迷津。因此，每個年輕人在遇到浪潮撲打、碰上熱風引誘時，都必須冷靜對待、用心思考、仔細分析、認真抉擇。當然，很多時候盲目跟風的原因，是我們的目光不夠長遠，看不清自己的缺點和優點，無法做長遠規畫，僅盯著眼前的蠅頭小利，卻撿了芝麻丟了西瓜。

西班牙哲人葛拉西安說：「要了解自己的性格、才智、判斷力與情緒，不了解自己就無法駕馭自己。為了能明智地處理事情，應該精確地評估你的明慎程度和領悟力，判斷自己會如何迎接挑戰，探探自己的思想深度，量量資源的廣度。」

每個人都不相同，有的人聰明，有的人平庸；有的人強壯，有的人羸弱，而且彼此的性格、能力、經驗也各不相同。我們只有充分認識自己，看清方向，才能到達成功的彼岸。縱觀中外歷史，無論哪個領域，凡成功人士都有共同的特點，就是做人有主見、處事敢決斷。膽小怕事的鴕鳥人和人云亦云的鸚鵡人，永遠都不會走近成功。

Chapter 02

胸懷有多寬廣，未來就有多遼闊

人都習慣重複自己能輕鬆駕馭的事，其實人的潛能無限，若不敢挑戰困難，總為自己設限，人生又怎能達到新高度呢？

生命的獎賞從來不在起點

生命的獎賞遠在旅途終點，不在起點。你不知道要走多少
步才能達到目標，但成功就藏在轉角後，除非拐了彎，否
則永遠不知道還有多遠。

生活中難免遇到挫折和逆境，看得遠的人往往不會計較一時的
得失成敗，因他們懂得人生是一場長跑，剛開始跑得快，未
必最後會贏，堅持到底才是真正的勝利。而目光短淺的人往往
只為一時的得失忐忑不安、憂心忡忡，這樣又怎能有良好的心
態，迎接命運的挑戰呢？目光短淺的人，一遇到挫折往往不知
所措，很容易放棄，試想，凡事不能堅持下去，成功的大門絕
不會輕易開啟。除了堅持不懈，成功並沒有其他祕訣。

成功學大師斯維特・瑪律登指出，「在所有那些最終決定成功
與否的關鍵中，『堅持』無疑是最終實現目標的關鍵」。被譽為
「各行各業顛峰戰士的終極教練」的安東尼・羅賓說：「在通往
目標的過程中，挫折並不可怕，可怕的是因挫折而產生對自己
的懷疑，從而放棄目標。」只要自己不懷疑自己，就沒人能質
疑你的努力；自己不放棄自己，就沒任何事情能打敗你。

一八三二年，林肯失業了，這顯然使他傷心，但他下決心要當政治家，當州議員，糟糕的是他競選失敗，一年內遭受兩次打擊，對他來說無疑相當痛苦。一八三五年，林肯訂婚，但距結婚還差幾個月時，未婚妻不幸去世，這精神上的打擊實在太大，他心力憔悴，臥床數月，隔年還神經衰弱。一八三八年，他覺得身體狀況良好，決定競選州議會議長，可又失敗了。一八四三年，他競選美國國會議員，但這次仍沒成功，於是決定著手開辦企業，但一年不到，這家企業又倒閉了。

此後十七年間，他不得不四處奔波，償還企業倒閉時所欠的債務。他再次決定競選州議員，這次他成功了，內心萌生一絲希望，認為自己的生活終於有了轉機，「我可能可以成功了！」雖經歷一次次失敗，如企業倒閉、未婚妻離世、競選敗北⋯⋯要是你碰到這一切，會不會放棄這些對你來說重要的事？但他沒放棄，也沒有問：「要是失敗了怎麼辦？」

一八四六年，他再次競選國會議員，最後終於當選了。兩年任期很快過去，他決定爭取連任。他認為自己擔任國會議員的表現出色，相信選民會繼續支持他。但很遺憾，他落選了。因這次競選賠了一大筆錢，他申請當本州的地方官員，但州政府將他的申請退回，上面指出，「擔任本州的地方官員要求卓越的才能和超常的智力，你的申請未能滿足這些要求。」

接連兩次失敗，在這種情況下，你會堅持繼續努力嗎？會不會直接下定論說：「我失敗了。」然而，林肯沒有服輸。一八五四年，他競選參議員，失敗；兩年後競選美國副總統提名，結果被對手擊敗；又過了兩年，他再次競選參議員，仍然失敗。

在林肯大半生的奮鬥和進取中，共有九次失敗，只有三次成功，而第三次成功就是當選美國第十六屆總統。屢次失敗並未動搖他堅定的信念，反而起到激勵和鞭策的作用。每個人都難免遇到挫折和失敗，然而亞伯拉罕·林肯沒有退卻、沒有逃避，堅持著、奮鬥著。他始終有充分的信心向命運挑戰，壓根沒想過放棄，他可以畏縮不前，不過卻不退卻，最後迎來輝煌的人生。

舉重冠軍詹姆斯·J·柯伯特常說：「再奮鬥一回，你就成了冠軍。情況愈來愈艱難，但你仍需再加把勁，只要持續不斷地努力，就幾乎能戰勝一切困難，克服一切障礙，完成一切任務。」

生命的獎賞遠在旅途終點，不在起點。你不知道要走多少步才能達到目標，踏上第一千步時，仍可能失敗。但成功就藏在轉角後，除非拐了彎，否則永遠不知道還有多遠。若再前進一步還是沒有用，那就再往前一步。很多時候，成功與失敗就取決於你是否能再堅持一下。

在吃虧中不斷成長和成熟

能成就事業的人不能只看眼前，而是放眼未來，不計較眼前的蠅頭小利，以「吃虧是福」做為處世準則，在吃虧中不斷成長和成熟。

「吃虧是福」，這話說來容易做來難。目光短淺的人，對眼前的蠅頭小利斤斤計較，寧可將「好漢不吃眼前虧」、「識時務者為俊傑」做為處世準則，可想而知，多數人是不願吃眼前虧的，更別說將吃虧當作福氣了。

吃虧真的是福嗎？當然！吃虧不僅是福，還是種胸懷、遠見與氣度，更是坦然、達觀和超越。看看生活中那些貪小便宜的人，經常發生因小失大的事。他們從某些老實人那裡得到了小益小惠而竊笑，卻失去了誠信和尊嚴。殊不知，大家都在背後嘲笑呢！這樣的人一次、兩次尚可原諒，時間一久，就沒人願意再和他往來了。

讓我們拿蠅頭小利與尊嚴、長遠的利益相比較，孰輕孰重？答案顯而易見。與之相反的是，這些老實人表面上吃了點虧，不就是失去了一點利益、一點物質嗎？可他們卻會贏得人們的同

情，得到人心。

古人說：「得人心者得天下。」可見人心所向是多麼難得，特別是缺乏誠信的今天，老實人是最好的合作夥伴。儘管他們不能如古人說的那樣得天下，但在現代，老實人應是商機無限、機會多多。想想，老實人因失去眼前一點微不足道的東西，卻得到了人們的尊重，也贏得好聲譽、長遠的利益，是得大還是失大呢？

布魯克住在奧地利山區的鄉間，自幼母親去世，父親因工受傷，生活重擔便落在他的肩上。為了一家生計，他在路邊擺了小攤，靠幫人修理皮鞋過日子。某天，一位顧客匆忙拿著一雙鞋底壞掉的皮鞋給布魯克修理，只見他動作純熟地把鞋底修好後，擦乾淨交給顧客，顧客感動地說：「小師傅！謝謝你把我的皮鞋修好。不但縫補得很堅固，還將鞋擦得和新的一樣。」

附近擦皮鞋的同行私下竊語，「布魯克這傻瓜真是服務過頭，顧客只付了修皮鞋的錢，他卻把皮鞋擦得這麼亮，有什麼好處呢？真笨！」但布魯克並不在意這些話，他覺得替人做事應盡心盡力，這樣收錢才心安理得。人們知道布魯克是肯替人著想、不怕吃虧的人，於是紛紛把鞋子交給他修理。

消息傳到附近一家皮鞋工廠的老闆耳中，便僱用布魯克到他的

工廠上班，專門負責修理有瑕疵的皮鞋。多年後，那些嘲笑布魯克的人仍在街頭修補皮鞋，布魯克卻已當上皮鞋工廠的總經理了。

吃虧是福，布魯克不怕吃虧，用心做生意，結果成功了。

看過《阿甘正傳》的人可能更容易理解「吃虧是福」的涵義，一個老實純樸、始終處於劣勢的人，反而比精明能幹的人更容易成功。吃虧意謂捨棄與犧牲，但失去某些東西的同時，也會獲得另外一些東西。吃虧大多是指物質上的損失，倘若能用吃虧換來心靈的平和與寧靜，無疑是獲得了幸福。人其實是個有趣的平衡系統，當付出遠超過回報時，你一定取得了某種心理優勢；反之，當獲得超過了付出的勞動，甚至不勞而獲時，便會陷入某種心理劣勢。很多人拾金不昧，絕不是和錢有仇，而是不願被一時的貪欲搞壞了長久的心情。

總之，人沒有無緣無故得到，也沒有無緣無故失去。有時是用物質上的不划算換取精神上的超額快樂，看似占了物質便宜，卻在不知不覺中透支了精神的快樂。吃虧是福，吃虧能換來難得的和平與安全、換來身心的健康與快樂，又有什麼不值得的呢？聰明的人敢於吃虧，睿智的人善於吃虧，能吃虧的人，往往一生平安、幸福坦然；不能吃虧的人，在是非紛爭中斤斤計較，只局限在狹隘的思維中，這種心態會蒙蔽雙眼，勢必遭受

更大的災難。

能成就事業的人不能只看眼前，而是放眼未來，不計較眼前的蠅頭小利，以「吃虧是福」做為處世準則，在吃虧中不斷成長和成熟。

不設限的人生有無窮潛力

> 許多人也在過這樣的「跳蚤人生」。年輕時意氣風發，但在屢戰屢敗後喪失了信心，懷疑自己的能力，一再降低成功的標準……

生活中有很多坎坷和逆境，是每個人都必須面對的事。看得遠的人能看到美麗的風景，從不為眼前的暫時困難而糾結。但目光短淺之人，認為眼前的一切便是人生的全部，在生活壓力下，失去了挑戰的信心，慢慢變成一個蛹。然而這不是最可怕的，最可怕的是作繭自縛，忘了身為「人」的價值，成為一個死蛹。有句話說得好，「有志者自有千計萬計，無志者只感千難萬難。」所以人一定不要替自己設限。

有人曾做過一個實驗。取出一只玻璃杯，在裡頭放進一隻跳蚤，跳蚤馬上跳了出來。無論重複多少次，結果都一樣。測試後發現，跳蚤跳躍的高度，竟達到身體的四百倍。接著，實驗者再次將跳蚤放進玻璃杯，並立即在杯口加上蓋子，咚的一聲，跳蚤重重地撞在蓋子上。它十分困惑，但沒有停下，因跳蚤的生活方式就是「跳」。在一次次碰壁後，跳蚤變聰明了，它依據蓋子的高度調整跳躍的高度。過了一段時間，實驗者發

現，這隻跳蚤再也不會撞到蓋子，只會在蓋子下跳動。

一天後，實驗者把蓋子輕輕拿掉了，可跳蚤仍在原來的高度蹦跳。三天後，這隻跳蚤還是在同個高度持續蹦跳。一週後，這隻可憐的跳蚤已無法跳出玻璃杯了。

難道跳蚤真的跳不出杯子嗎？絕對不是。它只是默認了杯子的高度是自己無法超越的。很多人不敢追求成功，並非追求不到，而是他們內心設定了一個「高度」，這個高度暗示著潛意識，「這太難了，我根本沒辦法做到。」也就是常說的「自我設限」。

生活中有許多人也在過這樣的「跳蚤人生」。年輕時意氣風發，但在屢戰屢敗後喪失了信心，要麼抱怨世界不公，要麼懷疑自己的能力，一再降低成功的標準，即使原有的限制已不在，如同玻璃蓋雖被拿掉了，但跳蚤們早已不敢再挑戰新的高度。對自己設下「心理高度」，往往是無法取得成就的原因之一。面對壓力和挫折，有時不妨用盡全力，為成功而衝刺。

一位喜歡鋼琴的孩子在練琴時，媽媽準備了一份全新的樂譜。他無法改變媽媽的決定，因媽媽是一位著名的鋼琴家。

「超高難度……」他翻著樂譜喃喃自語，感覺自己對彈琴的信

心跌到谷底，他不知道為何媽媽要以這種方式「整人」，於是勉強打起精神，開始用十指奮戰、奮戰、奮戰！樂譜的難度頗高，他彈得生澀僵滯、錯誤百出。「還不成熟，明天好好練習！」儘管媽媽的聲音聽起來嚴厲，仍鼓勵著他。

他練習了一個星期，第二週上課時，媽媽又給他一份更高難度的樂譜。「試試看吧！」上星期的課媽媽提也沒提，他再次掙扎於更進一步的挑戰。第三週，更難的樂譜又出現了。同樣的情況持續著，他重新面臨兩倍難度的樂譜，卻怎麼樣都追不上進度，一點也沒有因練習而有駕輕就熟的感覺，他越發不安、沮喪和氣餒。此時，媽媽走了進來。

他再也忍不住了，必須向媽媽提出這三個月以來，為何不斷折磨自己的質疑。

媽媽沒開口，只抽出最早的那份樂譜交給他。「彈奏吧！」她以堅定的目光望著孩子。不可思議的事發生了，連他自己都驚訝萬分，他居然能將這首曲子彈奏得如此美妙、如此精湛。媽媽又讓他試了第二堂課的樂譜，他依然呈現超高水準的表現。演奏結束後，孩子怔怔地望著媽媽，說不出話來。

「若我任由你表現最擅長的部分，你可能還在練習最早的那份樂譜，就不會有現在這樣的程度……」媽媽緩緩地說。

人都習慣重複自己能輕鬆駕馭的事，其實人的潛能無限，若不敢挑戰困難，總為自己設限，人生又怎能達到新高度呢？所以每天都大聲地告訴自己，「我是最棒的。我一定會成功！」

沒有誰永遠站在山頂

俗話說，三十年河東，三十年河西，沒有誰會一直走運，
沒有誰永遠站在山頂。學會為別人鼓掌，等到自己失意
時，才會得到別人的鼓勵。

為自己鼓掌容易，為別人鼓掌卻很難。試問一下，有多少人會
為別人的成功鼓掌？

為別人鼓掌，不代表你就是失敗者，更不是吹牛拍馬、阿諛奉
承，而是對別人的肯定。這非但不會損傷你的自尊，相反還會
收穫友誼與感激。

俗話說，三十年河東，三十年河西，沒有誰會一直走運，沒有
誰永遠站在山頂。學會為別人鼓掌，等到自己失意時，才會得
到別人的鼓勵。因此看得遠的人懂得為別人鼓掌，這需要寬廣
的胸懷及高瞻遠矚的氣度，只為眼前利益斤斤計較的人是做不
到的。

有一次，美國總統選舉揭曉，民主黨候選人凱瑞落選。當天他
打電話給連任的布希總統，誠懇地承認競選失敗，並祝賀布希

連任成功。布希也在隨後發表的簡短演講中，稱讚凱瑞是「令人欽佩的對手」，並讚譽其在競選中的出色表現。

這個美好的局面，使原先擔心因總統大選的爭端而損害美國形象的分析家們鬆了口氣，支持凱瑞的選民說他們沒看錯人，布希的支持者也認為凱瑞的表現無可挑剔，雖輸了大選卻贏了尊敬，以一個智者的形象體面地告別大選。競選失敗對凱瑞而言當然很難過，但有遠見的他，展現了寬廣的胸懷和氣度，同樣贏得別人的尊重，雖敗猶榮。

有些人不懂得為別人鼓掌，這樣的人目光短淺、氣量狹小，對別人的成功冷嘲熱諷、憤憤不平，以為如此就能夠打擊別人，殊不知，最後受傷的往往是自己。

哥倫布是有名的航海家，他歷盡千辛萬苦，終於發現了新大陸。

對於他的重大發現，人們給予很高的評價和聲譽，但也有人不以為然，認為這沒什麼了不起，常語帶譏諷。一次，朋友在哥倫布家中做客，談笑間又提起哥倫布航海的事，有幾個人冷嘲熱諷地表示，這根本不值一提，誰都會做。

哥倫布聽了只是淡淡一笑，不與大家辯論。他起身到廚房，拿

出一顆雞蛋對大家說：「誰能把這顆雞蛋豎起來？」大家一擁而上，結果都失敗了。「看我的。」哥倫布輕輕把雞蛋的一頭敲破，雞蛋就豎起來了。「你把雞蛋敲破了，當然能豎起來呀！」人們不服氣地說。「現在你們看到我把雞蛋敲破，才知道沒什麼了不起。」哥倫布意味深長地說，「可是在這之前，你們怎麼都沒想到呢？」過往譏諷哥倫布的人，臉一下變得通紅。

這些挑釁者自己不能成功，還不能容忍別人成功。若不能調整心態，這種小肚雞腸很可能會發展到害人害己的地步。

周瑜雖年輕掛帥，意氣風發，卻因諸葛亮謀略更高一籌而自慚，責怪上天「既生瑜何生亮」，因氣量狹小而終日鬱悶；龐涓貴為魏國大元帥，屢立奇功，卻妒孫臏之才，設下陰謀詭計，以臏刑加害於他。孫臏任齊國軍師後，所向無敵的龐涓終於落得兵敗身亡的下場。

為別人鼓掌是胸懷寬廣的表現。在我們成長時期，成功人士的經歷往往是我們前進的動力，他們的成功能正確指引我們，於無形之中幫助我們。當我們走向成功時，更要學會為別人鼓掌，為別人鼓掌，也會獲得別人的喝彩。

現實生活中，很多人不太懂得為別人鼓掌。某學術機構曾做過一項不記名的抽樣調查，結果顯示，在華人社會中，不懂得或

根本就不習慣欣賞別人的人占六成以上。有些人在談到別的成功人士時，甚至用「我恨不得宰了他」等激烈字眼，這種心態注定了很難有真正的朋友。試想，誰會和一個小肚雞腸的人做知心朋友呢？你不給別人掌聲，別人自然不會給你掌聲；你心胸狹窄，人生之路就會愈走愈狹窄。

為別人鼓掌的人，往往是開朗之人、通達之人，也是受人尊敬和愛戴的人。他們目光長遠，光明磊落，懂得為人的真諦，更通曉處事之道，在事業上，他們必然有所成就。懂得做人和成功往往是孿生姐妹，它們互為作用，相輔相成，當形成和諧的共振時，最終收到的將是雙贏。

為別人鼓掌，何嘗不是為自己鼓掌呢？

為小事生氣的人，生命是短促的

經常為小事生氣，在別人眼中就是沒有氣量、沒有胸懷的
表現，也就是斤斤計較的人。誰會喜歡小肚雞腸、斤斤計
較的人呢？

英國著名作家迪斯雷利這樣說：「為小事生氣的人，生命是短
促的。」

很多人常為一些微不足道的小事失去理智，為一些無聊的瑣事
白白浪費許多寶貴的時光。試問時過境遷，有誰還會對這些瑣
事感興趣呢？

何況一個經常為小事生氣的人，是不會得到敬重的，因這是無
能的表現，別人可能會覺得，這點小事都解決不了，能做什麼
大事呢？經常為小事生氣，在別人眼中就是沒有氣量、沒有胸
懷的表現，也就是斤斤計較的人。誰會喜歡小肚雞腸、斤斤計
較的人呢？

看得遠的人，不會將目光放在眼前的一草一木，他們不會計較
得失，因此也不會為小事生氣。因他們有寬廣的胸懷，能包

容、諒解，不計較。

在古西藏，有個叫愛地巴的人，每次生氣和別人爭執時，就以很快的速度跑回家，繞著房子和土地跑三圈，然後坐在田邊喘氣。愛地巴工作非常勤勞，他的房子愈來愈大，土地也愈來愈廣。只是為何愛地巴每次生氣時，都要繞著房子和土地跑呢？所有認識他的人都很疑惑，但不管怎麼問，愛地巴都不願明說。

直到有一天，愛地巴很老了，他生氣時仍拄著枴杖，艱難地繞著土地和房子轉，好不容易走完三圈，太陽早已下山，愛地巴獨自坐在田邊喘氣。他的孫子在一旁懇求說：「爺爺，您年紀這麼大了，這附近也沒有其他人的土地比您的更廣大，您不能再像從前一樣，一生氣就繞著土地跑。還有，可不可以告訴我，您一生氣就要繞著土地跑三圈的祕密？」

愛地巴終於說出隱藏多年的祕密，他說：「年輕時，我一和人吵架、爭論、生氣，就繞著房子、土地跑三圈，邊跑邊想自己的房子這麼小、土地這麼少，哪有時間和人生氣呢？想到這裡，氣就消了，便將所有的時間都用來努力工作。」孫子問道：「爺爺，現在您已年老，又是最富有的人，為何還要繞著房子和土地跑呢？」愛地巴笑著說：「我現在仍會生氣，生氣時繞著房子和土地跑三圈，邊跑邊想自己的房子這麼大、土地

這麼多，又何必和人計較呢？想到這裡，氣就消了。」

愛地巴每次為了瑣事想生氣時，就用這種特殊的方式消氣，終於成為附近地區最富有的人。日常生活中，有比為生氣更重要的事，又何必為小事勞心費神呢？再者，因氣致病、因氣而亡的例子比比皆是，可知為小事生氣有百害而無一利。

人生短暫，浪費時間就等於慢性自殺。若為瑣碎的小事生氣，浪費青春就更可惜了。所以，若想讓人生完美一點，除了要增強實力，使自己更優秀外，還需心胸開闊、目光長遠，不要為小事而生氣。

沒有寬恕，就沒有未來

幸福的人生都是在別人的寬恕中、也在寬恕別人中度過，
因有顆博大仁愛之心，你會獲得幸福的人生，體會到快樂
和輕鬆。

什麼是寬恕？馬克吐溫曾說：「紫羅蘭把它的香氣留在踩扁它
的馬蹄上，這就是寬恕。」

寬恕並不陌生，它就在你我身邊。公車上，別人不小心踩到你
的腳，對方說：「對不起！」你回他微笑說：「沒關係。」這便
是寬恕。寬恕確實會讓人快樂，懂得寬恕別人的人，心中沒有
仇恨的擔子，擁有很多朋友，天天都會開心。不懂得寬恕別人
的人，整天算計自己的損失，只會記仇，因此很難開心。

寬恕是心靈盛開的花朵，是善待他人最好的方式，不苛求、不
責怨，給別人也給自己一個機會，化干戈為玉帛。事實上，幸
福的人生都是在別人的寬恕中，也在寬恕別人中度過，因有顆
博大仁愛之心，你會獲得幸福的人生，體會到快樂和輕鬆。過
好生活的每一天並不輕鬆，只有將痛苦的包袱一次次扔掉，才
能帶著快樂輕裝前行。

某個漂亮女孩不幸因車禍而殘疾，丈夫卻在她尚未康復時殘忍地離開她。她決定切斷自己和他過去的聯繫，不讓未來受控於沒完沒了的怨恨。她看清了丈夫是個什麼樣的人，於是成功地寬恕他。但並不代表她已將心中的創傷忘了一乾二淨，只是開朗地不念舊惡，體認到讓過去的事隨風而逝，或許是最輕鬆的選擇。

當然，寬恕說來容易做來難，每當追憶起這些痛苦，心中難免憤憤不平。

然而仇恨從來不能成為「平衡」或「公正」，它往往使人陷入痛苦的精神煉獄中，難以自拔，如洪水般蔓延，蒙蔽了雙眼。聖雄甘地說得好，要是大家都把以牙還牙、以眼還眼當作人生法則，那麼世界早就亂成一團了。

二戰期間，一支部隊在森林中與敵軍激戰，兩名戰士和部隊失聯。他們之所以在激戰中還能互相照顧、彼此不分，是因彼此是同個小鎮的戰友。兩人在森林中艱難跋涉，互相鼓勵、安慰。

十多天過去了，他們仍未與部隊聯繫上，幸運的是，他們打死了一隻鹿得以維持生命。這一天，兩人在森林裡再度遇襲，經過一番苦戰，巧妙地避開了敵人，就在以為已經安全時，只聽

到一聲槍響，走在前面的戰士中了一槍，幸虧傷在肩膀上。後面的戰友驚恐地跑了過來，他嚇得語無倫次，抱著戰友的身軀淚流不止，趕緊將襯衣撕下包紮戰友的傷口。

晚上，沒受傷的戰士一直叨念著母親，兩眼空洞，他們都以為生命即將結束，身邊的鹿肉誰也沒動。天知道，他們怎麼度過那一夜。第二天，部隊救出了他們。

時隔三十年後，那位受傷的戰士安德森說：「我知道是誰開那一槍，就是我的戰友。他去年過世了。三十年前他抱住我時，我碰到了他發熱的槍管，但當時我就寬恕了他。我知道他想獨吞所有的鹿肉，但我也知道，他那樣做是為了活下來見他的母親。」

「此後三十年，我裝作根本不知道此事，也從不提及。戰爭太殘酷了，他母親還是沒能等到他回來，我和他一起祭奠了老人家。當時他跪下來，求我原諒他，我沒讓他說下去。我們又做了二十幾年的朋友，我沒道理不寬恕他。」

總有人認為，只要你不原諒對方，對方一定會因內疚而沉痛，但其實真正痛苦的是自己。無法原諒對方，代表心情永遠處於責怪之中，為此耿耿於懷、鬱悶不樂，甚至寢食不安、憤憤不平。

我曾看過「蘇格拉底與失戀者的對話」這篇文章，失戀者說他很痛苦，蘇答：「若失戀沒有悲傷，戀愛也就沒有味道了。」失戀者說：「到手的葡萄丟了真遺憾。」蘇答：「丟了就丟了，何不繼續向前走，鮮美的葡萄還很多。」失戀者說：「他想用自殺表示自己的誠心。」蘇答：「若這樣做，你不僅失去了戀人，同時還失去了自己，你會得到雙倍的損失。」

寬恕不僅是原諒他人的錯，更是讓自己從傷害的情緒解放出來。諾貝爾和平獎得主德斯蒙德·杜圖曾過一段話，「為過去困擾、折磨，無法解脫，生活品質將受到嚴重損害。無論我們多麼有理，不寬恕只會傷及自己。氣憤、仇恨、惱怒、痛苦、報復……這一切都是死神的精靈，會像奪去蘇西的生命那樣，奪去我們的『部分生命』。我相信，若要成為全面、健康、快樂的人，就要學會寬恕。」

不懂得寬恕的人，拆掉了自己也得通過的橋梁，寬恕不僅對別人，更是給美好生活創造機會和平臺，透過和解一笑泯恩仇，因沒有寬恕就沒有未來。

不為明天的落葉而煩惱

即便你為明天擔憂，也無法解決尚未發生的事，因今天永遠不知道明天的情況⋯⋯

在撒哈拉沙漠中，有一種土灰色的沙鼠。每年旱季時，沙鼠都要囤積大量草根，以準備度過這些艱難的日子。因此在旱季到來前，沙鼠們忙得不可開交，在自家洞口進進出出，滿嘴草根，辛苦程度讓人驚嘆。

但有個奇怪的現象，當沙地上的草根足以度過旱季時，沙鼠仍拚命工作，將草根咬斷運進自己的洞穴，這樣它們才能感到踏實，否則便焦躁不安。而實際情況是，沙鼠根本不用這麼勞累。研究證明，這現象是由一代代沙鼠的遺傳基因所決定，是出於本能的擔心。生活中像沙鼠這樣整天無謂憂慮的人並不少見，這些人之所以憂心忡忡、焦慮不已，並非生活真的苦不堪言。他們的不快樂經常是為一些尚未到來的事擔憂，因此擾亂了內心，無法享受平靜、幸福的生活。

有這樣一句話，「不要煩惱明天的事，因你還有今天的事要煩惱。」即便你為明天擔憂，也無法解決尚未發生的事，因今天

永遠不知道明天的情況。

有個頗具哲理的佛家小故事，就深刻說明了這個道理。

某個小和尚，每天早上負責清掃寺廟裡的落葉。在冷颼颼的清晨起床實在是件苦差事，尤其在秋冬之際，每次起風時，樹葉總會隨風飛舞落下。每天早上都要花費許多時間才能清掃完畢，小和尚感到頭痛不已，一直想找個好辦法讓自己輕鬆些。

後來有個和尚對他說：「你在明天打掃前先用力搖樹，把落葉通通搖下來，這樣後天就可以不用辛苦掃落葉了。」小和尚覺得這真是個好辦法，於是隔天起了大早，使勁地搖樹，這樣就能把今天和明天的落葉一次掃乾淨。小和尚一整天都非常開心。

第二天小和尚到院子一看，不禁傻眼，院子裡如往日滿是落葉。老和尚走了過來，意味深長地對他說：「傻孩子，無論你今天怎麼用力搖，明天的落葉還是會飄下來啊！」

小和尚終於明白，世上有很多東西無法預支，唯有認真活在當下，才是最真實的人生態度。

不為明天的落葉煩惱，並非今朝有酒今朝醉，當一天和尚撞一

天鐘，而是扎實地做好今天的每件事，明天的煩惱就交給明天去解決吧。車到山前必有路，想太多會失去很多快樂。

「懷著憂愁上床，就是背負著包袱睡覺。」每天為明天的事煩惱，又怎麼會有快樂的時候呢？讓自己擁有寬廣的胸懷，踏實地活在當下，就是應對明天的最好法寶。

Chapter 03

習慣千差萬別，未來天壤之別

面對困難和挑戰，你習慣找藉口還是找方法？成功者千方百計，失敗者千難萬難。一個人若只會找藉口，永遠不會是成功的人。

播下一種習慣，收穫一種命運

每個人的習慣不同，好的習慣能為你插上成功的翅膀，助
你一臂之力，而壞習慣也會讓你從懸崖上重重摔下。

古人云：「壞習慣毀掉一個人，好習慣成就一個人。」看得遠的
人，懂得及早培養好習慣，因他們了解習慣對人生的主宰與指
引有多麼重要。

某個美國心理學家曾說過，「播下一個行動，收穫一種習慣；
播下一種習慣，收穫一種性格；播下一種性格，收穫一種命
運。」好習慣對人生的成敗舉足輕重。

我們先來看兩個故事，雖內容都是應聘工作，但因應徵者的習
慣不同，結果也大相逕庭。

一家要求很高的跨國公司正在招募員工，為了得到這個職位，
一些學歷水準、身高相貌等條件都很不錯的年輕人，經過重重
考驗，進入最後一關──面試。可這看似簡單的面試，結果卻
令人意想不到。這場面試沒有提問、沒有出題，短短十分鐘，
他們都失敗了。原來，當前來參與面試的應徵者來到辦公室

後，總經理藉故離開了五分鐘。

看著總經理豪華的辦公室，想著自己以後或許就能到這家大企業工作了，這些年輕人便得意非凡，圍著總經理的大辦公桌，東看看西摸摸。五分鐘後，總經理回來了，他宣布「面試結束」。大家很納悶，總經理解釋說：「很遺憾，你們沒有一個被錄取，因公司從來不錄取亂翻東西的人。」這些年輕人聽了覺得很驚訝，「我們長這麼大，從不覺得亂翻東西是多大的錯，竟如此嚴重。」

另一個故事是，大學畢業生羅明到一家跨國集團應徵，他幸運地通過初試。複試階段開始了，出來的應試者說問題很簡單，但還沒人被錄取。輪到羅明時，他整整衣領自信地走入辦公室，看見乾淨的地面上被扔了團廢紙，平時養成的習慣使羅明走上前將紙團撿起，面試官對他說：「打開紙團。」羅明展開紙團後，看到上面寫著幾個大字，「恭喜你，你錄取了！」原來這是特意安排的試題。意外嗎？其實，習慣是在生活中養成，一個不經意的動作，就能看出你的品德修養、人生態度。

這兩個故事值得我們深思。第一個故事裡，那些亂翻東西的年輕人，都是養成了不好的習慣，現實生活中這樣的人並不少見。比如有的人上班遲到，缺乏紀律觀念；有的人工作喜歡按自己的意願行事，缺乏組織觀念；還有的人習慣逃避上司的檢

查，平時不認真，一到檢查時淨出亂子。

習慣不同，帶來的結果就截然不同。

我想起烏申斯基的一句話，「好習慣是人在神經系統中存放的資本，這個資本會不斷地增長，畢生都能享用它的利息。而壞習慣是道德上無法償清的債務，這種債務能以不斷增長的利息折磨人，使他最好的創舉失敗，並將他引到道德破產的地步。」總的來說，養成好習慣，你將一輩子享受不盡它的利息；要是養成壞習慣，就有一輩子都償還不完的債務。

知識、能力的確非常重要，但好的習慣能為你插上成功的翅膀，助你一臂之力，而壞習慣也會讓你從懸崖上重重摔下。所以看得遠的人應及早行動，從今天起養成好習慣，明天成就未來。

好習慣讓人更容易抓住機遇

> 我們多數人的毛病是，當機會朝我們飛奔而來時，很少人
> 能夠去追尋自己的機會，甚至在被絆倒時，還不能看見
> 它。

從古到今，命運和機遇密切相關。有的人勞苦一生，最終卻連一處像樣的住所也買不起；有的人才華橫溢、能力出眾，卻只能徘徊在貧困的邊緣；有的人不學無術，卻也混個滿身銅臭；有的人平平庸庸，卻財利豐收。

為何會有如此大的差別呢？原因也許有很多，但特別重要的是，有的人有機遇的眷顧，有的人缺乏改變命運的機遇。機遇這麼重要嗎？的確如此，它對任何人都有重要的意義。法國拉羅什富科曾說：「僅僅依靠天賦的某些巨大優勢，並不能造就英雄，還要有運氣相伴。」歌德也說：「轉瞬間的一刹那，就能決定人的一生。」由此可見，機遇對於人的一生有不可忽略的影響。

一八六五年，美國南北戰爭結束，紐約城擠滿了找不到工作的退伍軍人，年僅十八歲的約瑟夫‧普立茲就是其中一員。他會

講匈牙利語、德語和法語，但英語卻不怎麼流利，這成了他在紐約找工作的障礙。最後，他決定到德國人聚集的城市聖路易斯去，在那裡也許能找到工作。聖路易斯城在當時的普立茲心中，是希望之鄉。

在希望的驅動下，普立茲來到聖路易斯城，但聖路易斯並非如他想像中那樣美好，他仍經常失業，先後當過船臺看守、艙面水手、飯店侍者等，常做不多久就被解雇，只好另找工作。一次，普立茲和另外幾十個人交了五美元，跟著一個答應介紹他們到路易斯安那州種植甘蔗的人，乘上小輪船。當小輪船把他們拋在離城四十八公里的地方掉頭離去時，才知道受騙了。普立茲非常氣憤，他寫了篇報導揭穿這個騙局。當《西方郵報》發表了他的稿子時，他十分高興，因這是他發表的第一篇新聞報導。從此以後，普立茲經常替一家德文報刊寫稿，並逐漸引起報社編輯們的注意。

一八六八年底，《西方郵報》招聘一名記者，普立茲雖沒經驗，但抱著姑且一試的心態去應徵，結果被錄用了，他欣喜若狂，如此描繪自己當時的心情，「我是無名小卒，不走運的人，幾乎是流浪漢，被選中擔任這項工作，一切都像做夢般，真是太幸運了！」普立茲迅速顯露超人的才華和政治膽識。四年後，他購買了該報的股份，並當上了主編，最後購買了《西方郵報》、《聖路易斯快郵報》和《紐約世界報》，並對報紙進

行一系列改革，使它們成為當時美國著名的大報。

他讓新聞成為社會公認的一門學科，他的一生標誌著美國新聞學的創立和新聞事業的迅猛發展。他曾捐贈兩百萬美元創辦美國第一所新聞學院──名揚世界的哥倫比亞新聞學院。普立茲逝世後，以他的名字命名的普立茲新聞獎，是美國最高新聞獎，備受世人矚目。

如今在每個人的心目中，約瑟夫・普立茲是報業鉅子，似乎高不可攀。但回顧約瑟夫・普立茲的成長歷程，他原只是一文不名、兩手空空，直到被《西方郵報》聘為記者後，人生方向才開始發生變化。正是那次機遇，成就了後來的普立茲。

為何機遇偏偏青睞普立茲呢？正是普立茲平時養成替報社寫稿的好習慣，才華慢慢被編輯們發現，因而那次應聘記者才會順利通過。可見良好的習慣往往能在機遇來臨時，幫你抓住機遇。

某個成功的企業家在演講時曾說：「將來無論你從事何種工作，都要養成全力以赴、一絲不苟的好習慣，時刻準備迎接機遇。要是能做到這一點，就不會為前途擔心，因世界上到處是散漫粗心的人，那些擁有良好習慣的人始終供不應求。」有良好習慣的人遇上好機會，能大展宏圖；沒有好習慣的人遇上好

機遇，也只能看著機遇溜走，無可奈何。

卡內基說：「我們多數人的毛病是，當機會朝我們飛奔而來時，很少人能去追尋自己的機會，甚至當被絆倒時，仍看不見它。」的確，機遇對每個人而言都是均等的，人與人之間的差別，就在於你是否養成了良好的習慣。

敬業，讓整個世界如臨大敵

養成敬業的習慣或許不能立即帶來可觀的收益，但可以肯
定的是，若你不敬業，成就就相當有限，可能就此蹉跎一
生。

我常聽到老闆說：「公司花費大量財力、物力培訓員工，然而
等培訓結束，他們累積一定的經驗後，卻不辭而別、一走了
之。真是沒良心啊！」就算仍待著的員工，也是成天抱怨公司
和老闆無法提供良好的工作環境，將責任歸咎老闆，這種不敬
業的態度，使公司和員工都深受其害。

在當今浮躁的社會，這種人愈來愈多，主因就是缺乏敬業精
神。敬業就是敬重自己的工作，把工作當成自己的事，融入生
活的方方面面，從內心深處視工作為愛好。具體表現為忠於職
守、盡職盡責、一絲不苟、全心全意、善始善終等職業道德。

很多初入社會的年輕人，看得不夠遠，喜歡對眼前的蠅頭小利
斤斤計較。在他們心中，工作是為了老闆，是替別人賺錢，
能混就混，公司虧了也不必自己承擔，有的人甚至還扯老闆後
腿，背地做些不好的事。仔細想想，這樣做對自己並沒什麼好

處。

看得遠的人會在工作中養成敬業習慣，表面上是為了老闆，實際是為了自己。因敬業的人能學到比別人更多的經驗，也比較受人尊敬，即使業績不是最突出，也沒人會挑毛病。這種人也較容易受提拔，沒有老闆不喜歡敬業的員工。

成功學創始人拿破崙‧希爾曾聘用一位年輕的小姐當助手，替他拆閱、分類及回覆私人信件。她主要的工作就是聽拿破崙‧希爾口述，記錄信件內容。有一天，拿破崙‧希爾口述了下面這句格言：「記住，你唯一的限制就是你腦海中所設的限制。」從那天起，她將這句格言深深記在心裡，並付諸行動。她開始比一般的速記員提早上班，並在用完晚餐後又回到辦公室，從事不是她分內且沒有報酬的工作。

她著手研究拿破崙‧希爾的寫作風格，不等口述，直接把寫好的回信送到拿破崙‧希爾的辦公室。因她的用心，這些信回覆得和拿破崙‧希爾自己寫的一樣好，有時甚至更好。她一直保持著這個習慣，直到拿破崙的私人祕書辭職為止。當拿破崙‧希爾開始找人補祕書的空缺時，很自然地想到這位小姐。事實上，在拿破崙‧希爾還未正式給她這項職位前，她已主動接受了祕書的工作。

這位小姐的辦事效率太高，也引起其他人的注意，很多更好的職位虛位以待，她的價值不止在工作上，更在她的進取心和愉快的精神，替公司帶來和諧與美好。因此拿破崙‧希爾不能冒著失去這個幫手的風險，不得不多次提高她的薪資。

敬業是現代人應具備的職業道德，若你把敬業變成習慣，將一輩子從中受益。養成敬業的習慣，或許不能立即帶來可觀的收益，但可以肯定的是，若你不敬業，成就就相當有限，可能就此蹉跎一生。

每個想實現夢想的人，不妨從養成敬業的習慣開始，從當下開始。

成功者千方百計，失敗者千難萬難

若你有自己繫鞋帶的能力，就有上天摘星的機會。讓我們
改變對藉口的態度，把找藉口的時間和精力用在努力工作
上。

面對困難，有的人會想辦法克服，絞盡腦汁尋找解決之道，而
有的人則習慣找藉口。但藉口只能讓人逃避一時，不能讓人如
意一世，儘管找到了藉口，卻失去別人的信任。失敗者把時間
花在藉口上，但成功者將時間投資在尋找成功的方法。習慣不
同，結果迥異。

一個富人見一個窮人可憐，發善心願意幫他致富。富人送給窮
人一頭牛，囑咐他好好開荒，等春天來了撒上種子，秋天就能
遠離貧窮了。

窮人滿懷希望地開發荒地，可沒過幾天，日子卻比過去更難以
維持，因牛要吃草、人要吃飯。窮人盤算著，不如把牛賣了，
還能換些錢買幾隻羊，若先殺掉一隻羊自己吃，剩下的還能生
小羊，等小羊長大了再拿去賣，可以賺更多的錢。

於是窮人將牛賣了換羊，只是當他吃了一隻羊後，小羊遲遲沒有生下來，日子又難過了，他忍不住再宰一隻羊來吃，日子仍然艱難。眼看這種情況，窮人又動搖了，心想：「不如把羊賣了換雞，雞生蛋的速度比生小羊快，雞蛋立刻能賺錢。」

窮人付諸行動，但日子不但沒變，反而更加艱難了。他又忍不住殺雞，在只剩下一隻雞時，窮人的理想徹底破滅，心想：「唉，我這輩子致富無望，不如把雞賣了，打壺酒，三杯下肚，萬事不愁。」很快的春天來了，發善心的富人興致勃勃地送來種子，卻發現窮人正就著鹹菜喝酒，牛早沒了，依舊一貧如洗。

失敗者之所以失敗，就在於面對困難總千方百計地找藉口，而不是找方法。藉口是推卸責任、掩飾弱點的「萬能器」，若你總把寶貴的時間和精力放在找藉口上，就會忘記自己的義務和責任；藉口是敷衍別人、原諒自己的「擋箭牌」，它會扼殺創新精神，讓人變得消極頹廢；藉口更是鴉片，讓人一而再、再而三地品嘗，讓人變得心虛、懶惰，遇到困難就退縮，最終毀滅自制力，使人墮落、喪失自信。

在日常生活中，我們常聽到各種藉口，「那個客人我應付不了」、「我現在下班了，明天再說吧」、「我明天有事，不能完成這個工作」、「我很忙，現在沒空」等等，有時真讓人無可奈

何。現在公司缺少的正是想盡辦法完成任務，而不是時時刻刻尋找藉口的員工。失敗者的另一種表現是為失敗找藉口，「我盡全力了，最後沒做好不能怪我一人」、「不是我太差，而是對手太強大」、「是他中間出了錯，不是我不行」等等。

英國成功學家格蘭特納曾說：「若你有自己繫鞋帶的能力，就有上天摘星的機會。讓我們改變對藉口的態度，把找藉口的時間和精力用在努力工作上。因工作中沒有藉口、人生中沒有藉口、失敗中沒有藉口，成功也不屬於尋找藉口的人。」面對困難和挑戰，你習慣找藉口還是找方法？成功者千方百計，失敗者千難萬難。一個人若只會找藉口，永遠不會是成功的人。

養成理財的習慣，一輩子高枕無憂

對於少有意外「橫財」的上班族來說，一定要把提高薪資
列為重要目標。隨著薪資不斷增加，才可能快速累積可供
理財、投資的第一桶金。

在同一間公司上班，差不多的薪資，有的人能在幾年後擁有一
大筆財富，而有人卻還是忙碌的月光族。原因在哪？是否養成
理財習慣，或許是差別的主因。

美國理財專家柯特‧康寧漢有句名言，「無法養成良好的理財
習慣，即使擁有博士學位也難以擺脫貧窮。」雖養成好的理財
習慣是有些痛苦的過程，卻能讓你「有錢一輩子」。可見良好
理財習慣有多麼重要。看得遠的人能看清未來局勢，目光短淺
的人不但不懂得培養儲蓄、存錢等習慣，反倒養成拖欠卡債的
惡習，結果人生不是從零開始，而是從負數開始。理財不僅是
投資，更是循序漸進地「賺錢、存錢、省錢、錢滾錢」。

多一個富習慣，心中就多一份自信、多一次成功的機遇，生命
就會多一分享受美好生活的能力。既然富習慣如此重要，就應
盡早培養，去除自己的窮習慣。那麼富人擁有什麼特殊習慣，

是那些天天省吃儉用、日日勤奮工作的上班族所欠缺的呢？答案無非是投資理財的習慣。

富人的理財習慣是什麼呢？首先要努力賺錢，累積第一桶金。對於少有意外「橫財」的上班族來說，一定要把提高薪資列為重要目標。隨著薪資不斷增加，才可能快速累積可供理財、投資的第一桶金。你可以建立自己的理財情報網，例如多和比你有投資意識的人交往，為往後打基礎。

其次，定期存錢比投資更重要。無論是靠工作賺錢或靠錢生錢，持續儲蓄絕不能廢棄。儲蓄金額一定要隨著收入的增加等比例提高，最好的自動儲蓄方法就是定期定額投資。再者，記帳審視花費，省錢不能忘。想省錢一定要記帳，記帳能找出花錢的漏洞，效果非常明顯。

最後是錢滾錢，設定五年計畫。儲蓄是加法的金錢累積，投資則是用乘法累積財富。理財愈早規畫愈好，但不該太早開始投資，若沒有好的觀念、策略，賠錢的可能性很大。所以專家認為，年輕人的第一桶金，應先透過開源節流的方式累積至少百分之七十五，另外百分之二十五靠投資獲得。

財富的積累並非偶然，而是需要良好的習慣。看得遠的人要早點規畫良好的理財習慣，才能一輩子高枕無憂。

Chapter 04

幸運的人總是幸運，倒楣的人總是倒楣

社會就像一張網，我們每個人只不過是其中的一個結，你和愈多的結建立有效的聯繫，就愈能四通八達。

你的人際關係，決定你的未來

人際資源是成功的不二法門，人際關係好，成功就像坐電梯；人際關係不好，成功就像爬樓梯，這是每個聰明人都明白的道理……

你知道為何幸運的人總幸運，倒楣的人總倒楣嗎？為何有的人容易成功，升遷快，有的人卻原地踏步數十年嗎？人際關係決定未來，此話一點也不假。不論是生活或職場中，人際關係都是無形資產，是潛在的財富。表面上看來，它不算直接財富，可若沒有它，就很難聚斂財富。

這是發生在美國的真實故事。某個風雨交加的夜晚，一對老夫婦走進旅館大廳，想要住宿一晚。

無奈飯店的夜班服務生說：「十分抱歉，今天的房間已被早上來開會的團體訂滿了，若是平常時段，我會送兩位到其他支援的旅館，可我無法想像你們要再次置身於風雨中。你們何不在我房間休息呢？雖不是豪華套房，但還滿乾淨的。因為我必須值夜班，可以待在辦公室休息。」

這位年輕人誠懇地提出這個建議，老夫婦也大方地接受了提議，並對造成服務生的不便致歉。

隔天雨過天晴，老先生要結帳時，櫃檯仍是昨晚的服務生，服務生依然親切地表示，「昨天您住的房間並不是飯店的客房，所以不會收您的錢，也希望您與夫人昨晚睡得安穩。」老先生點頭稱讚，「你是每個旅館老闆夢寐以求的員工，或許改天我可以幫你蓋棟旅館。」

年輕人並不在意老先生的話，因這對平凡的老夫婦要蓋棟旅館實在是天方夜譚。然而幾年後，他收到一封掛號信，信中提及那個風雨夜晚所發生的事，還附上一張邀請函和紐約的來回機票，邀他到紐約一遊。

抵達目的地後，年輕人在一個繁華的路口遇到這位當年的旅客，路口矗立著一棟華麗的新大樓，老先生說：「這是我為你蓋的旅館，希望你來經營，記得嗎？」這位服務生驚訝萬分地問：「你是不是有什麼條件？為何選擇我呢？你到底是誰？」

「我叫威廉・阿斯特，我沒有任何條件，我說過，你正是我夢寐以求的員工。」

這間旅館就是紐約最知名的華爾道夫飯店，這家飯店在一九三

一年啟用，是紐約極致尊榮的地位象徵，也是各國的政要造訪紐約的下榻首選。

當時接下這份工作的服務生就是喬治·波特，一位奠定華爾道夫世紀地位的推手。一份無意中搭好的人際關係，改變喬治·波特一生的命運。

目光長遠的人，懂得建立好的人際關係

社會就像一張網，我們每個人只不過是其中的一個結，你
和愈多的結建立有效的聯繫，就愈能四通八達。

近年很流行這樣一句話，「十幾歲比智力，二十幾歲比體力，
三十幾歲拚專業，四十幾歲拚良好的人際關係。」一些看得不
夠長遠的人，總喜歡「臨時抱佛腳」，在需要朋友時，才想到
結交朋友，卻為時已晚。四十歲的人際關係，要從二十歲開始
經營，朋友和儲蓄一樣，都是為了將來做準備。

老牌影星寇克・道格拉斯年輕時落魄潦倒，包括許多知名大導
演在內，沒人認為他會成為明星。寇克・道格拉斯是個熱心的
人，有次坐火車，漫漫旅途時間難以打發，於是便主動與身邊
的女士攀談，沒想到這一聊就聊出了重大機會，從此人生開始
改變。

過沒幾天，寇克・道格拉斯被邀請到製片廠報到，原來這位女
士是知名製片人。寇克・道格拉斯因此獲得了展現表演才能的
機會，最終美夢成真。

二〇〇四年中國百富榜上，百分之六十的企業家最看重的十大財富品質，「機遇」排在第二位。人際關係愈好，機遇相對愈多。

建立人際圈對任何人來說都是極重要的事。但很多人對工作投入太多，常無暇維繫朋友圈，最後發現自己總在孤軍作戰。每個人當然都有朋友，可因常加班而缺席朋友聚會，再次見面時，彼此都忘了共同話題。即使內心真誠，但你投身工作的傻勁，使他們從欣賞到失望，因朋友從未在你身上獲得工作以外的訊息。

許多職場新人覺得自己人微言輕，不能帶來實際利益，別人憑什麼認識自己呢？還是等有些工作業績，成為獨當一面的專家後，再拓展朋友圈。其實生活中，每個人都有不能替代的價值，那就是屬於自己的「可交往性」。若一個人有專長、有業績，就是能為別人服務的價值。年輕、有潛力、有幹勁，同樣也是珍貴的價值。

假如年輕時放棄了人際關係，等自己有朝一日終於成為專家，這時會發現，朋友並未如期而至。更甚者將專家之路愈走愈窄，成了一個不被人賞識的老古板。青年時期結交的朋友是一生珍貴的財富，這也是為何國高中時代的友情，一輩子都難以令人忘懷。二十歲時建立的友誼，與三十歲、四十歲建立的人

際關係有明顯的差異。一般來說，二十多歲的年輕人不太會計較名利，容易真誠地與人交往，也更能結下兄弟情。

如今社會已不是單打獨鬥的時代，每個人都需要在合作中求生存。人際關係愈豐富，能量也愈大。別人辦不到的事，你可能一通電話就漂亮地解決了。社會就像一張網，我們每個人只不過是其中的一個結，你和愈多的結建立有效的聯繫，就愈能四通八達。否則，你就只是一個結，即使這個結再大，也還是孤零零的，終究於事無補。

華人社會最講究「人和」，若你想獲得成功，就要盡早建立自己的人際網。

不與「窮人」交朋友

如何快速地搭建有益於成功的人際關係，要先找到能幫助
自己成長的圈子，再讓自己融入這個圈子。

有句名言是「不與窮人交朋友」。這句話曾讓很多人不解，難
道窮人就不配擁有朋友嗎？其實，其真義不在嫌貧愛富，而是
強調人在成長中要保持永遠向上的心，必須有幾個重量級的朋
友，引領自己不要安於現狀，否則，若只生活在一群不如自己
的人中，談何進步？

著名的勵志專家陳安之曾說：「如何快速地搭建有益於成功的
人際關係，要先找到能幫助自己成長的圈子，再讓自己融入這
個圈子。」這話說得有理，就好像想釣魚，必須先找到有魚的
池塘，才可能釣得到魚。想早日搭建有助於成功的人際關係，
就必須先找到有益於自己的圈子。下面這個很有趣的哲理故
事，講的就是這個道理。

父親和兒子來到池塘邊釣魚，不一會兒，父親就釣到好幾條大
魚，兒子卻一無所獲。兒子實在想不通，便來到父親身邊，向
他請教釣魚祕訣。

父親說：「若你確定要釣什麼魚，就準備做一連串的選擇吧。選擇的正確決定你能否釣到魚，或者說能否釣到大魚。」父親將魚鉤精準有力地拋向水面，坐下來看著池塘說：「釣魚也靠運氣，不確定性的因素太多。若我們都做了正確的選擇，是否成功則要靠天意。但釣魚不是傻瓜遊戲，你了解得愈多，選擇就愈正確，釣到大魚的機率就愈大。」

「首先，要選一片水域。若想釣鯉魚或鯽魚，那麼必須選淡水區域，比如在池塘或一條不湍急的小河邊，若想釣鯨魚，則需要駕著漁船進入深海，享受驚濤駭浪的刺激。魚並非均勻分布在所有水域中，同一區域有人能釣到大魚，有人總釣到小魚，因此選擇池塘十分重要。我是經過反覆抉擇才選這個池塘，而你則是完全盲目，區別在於我知道自己的選擇，而你是隨機的。也許你有好的機會，但機會不可能總眷顧你，真正的成功需要累積和理智的選擇。」

一邊說著話，父親又釣到一條大魚。

他接著說：「若你選錯了池塘，拿著魚竿傻傻地坐在池邊，那還不如坐在花園的長椅上曬太陽呢！若我們在一片只有小魚的淺水區徘徊，又怎麼能釣到大魚呢？要釣到大魚，就要到大魚生活的水域去。」

上面的故事告訴我們一個道理，「近朱者赤，近墨者黑」。和傻瓜生活，整天吃喝玩樂；和智者一起，則勤於思考。你想成為什麼樣的人，就要和什麼樣的人接觸。

若你想成為健康的人，那就和健康的人做朋友，他會告訴你保養身體的知識；若想成為快樂的人，就和快樂的人做朋友，他會告訴你如何擁有積極的心態。好水才能釣到好魚，要成為成功人士，就要多和成功人士做朋友。

即使自己現在與強者有較大的差距，只要有機會與他們相處，就算不經意地談天，也會在你心中埋下追求的種子，生成奮鬥的動力。假如每天接觸的是灰心喪氣、怨聲載道、一事無成的人，你能從中吸取前進的力量嗎？

懂得拓展人際關係，讓資源勢不可擋

現在的多元化社會，拓展人際關係的方法也豐富多彩。找
對了方法，就能建立優質的朋友圈。

每個人都需要朋友，因人沒有三頭六臂，難免需要別人幫助，
特別是在人生征途中感到勢單力薄時。那麼你知道構建什麼樣
的人際圈最有幫助嗎？全美人際關係專家哈維‧麥凱甚至直白
地問：「若你凌晨兩點急需七十萬元，你有多少朋友會不問理
由、二話不說、迅速到銀行匯錢給你？」

問題雖直白，但也表明了人際關係的重要。社會學家博恩‧思
希有套著名的理論「1：25 裂變定律」，意思是若你認識一個
人，那麼透過他就可能再認識二十五個人。這套理論曾被西方
商界廣泛採用，推行微笑服務，讓服務人員不要得罪任何一名
顧客，因在每位顧客身後，潛藏著二十五個客戶。

美國前總統羅斯福曾說：「成功的第一要素，是懂得處理人際
關係。」但有些人覺得和人攀關係不外乎吃吃喝喝，其實不
然。現在的多元化社會，拓展人際關係的方法也豐富多彩。找
對了方法，就能建立優質的朋友圈。

1、提升自己的價值

提升自己的價值，讓自己是個有用之人。人際間來往的目的不外乎互惠、互助、互利，雖並非所有的人際交往都以功利為目的，但能長久保持密切來往，一定有情感的成分在內。

2、主動出擊，勇於說第一句話

人際關係來自於個人的工作、學習及生活圈。有心人時時刻刻都有拓展人際關係的機會，要敢於向陌生人說第一句話，把握交朋友的先機。比如在上課時，你可以用筆記沒抄好為理由，向周圍的人借筆記，並誇對方眼明手快、聽課認真，自然就可以繼續其他話題而成為朋友了。

3、樂於和別人分享

不管是資訊、利益或工作機會，懂得分享的人最終往往獲得更多。「賺錢機會非常多，一個人無法把所有的錢賺走。」這是潮汕人的生意經。他們遇到可做的生意，總介紹同鄉一起做，所以潮汕人從來不擔心自己的交際圈。

4、從身邊開始挖掘和累積

拓展人際圈其實很簡單，首先從身邊開始，先善待親人，再處理好與老師、同學、朋友、同事的關係，最後突破更大的圈子。

易凱資本首席執行長王冉說：「不一定是同班同學，也不一定睡上下鋪，但只要是同個學校畢業的，就會有一種親近感。現在同學之中很多人已在各自的行業擔任要角，這個人脈網就成了非常寶貴的資源。」譬如馬雲創建阿里巴巴，啟動資金就來自於他的親戚、學生、死黨。其中有幾個人曾跟著他從杭州到北京、再從北京回杭州，經歷失敗卻不離不棄。

5、參加團體活動是不錯的交際途徑

比如參加培訓課程，不但能學習知識、提高技能，還會接觸到各式各樣的人。現在的培訓課程已衍生出許多附加功能，其中就是另類的人際圈。比如在一些層級較高的培訓班中，各行各業的老闆、高階管理者就可能成為自己的同窗，這其中蘊藏著巨大商機，因此愈來愈多的人參加培訓班。小趙是某公司的總經理，過幾天他要到浙江大學參加EMBA，而班上的學員都是主管級以上的商界精英。小趙曾直言不諱地說，參加EMBA最大的原因，就是認識許多有作為的人，能接受更多商界精英的

理念。另外，在學習過程中還能和這些精英互相切磋問題，不但增長知識，同時還提高自己的水準。

6、積極接納朋友的朋友

人的一生要找到真正的朋友很難，在現代社會中更難。那麼可以積極接納朋友的朋友，哪怕只是形式上，也要主動記住對方的姓名、電話、愛好、生日等，在恰當的時間送上關懷。隨著時間推移，你對對方的關注就會從量變到質變。

好的形象為自己贏得好的未來

> 形象是金，形象有價。它關係到面試成敗、薪資高低、職
> 位晉升等事業與生活。良好的形象使人在交際中魅力無
> 窮、所向披靡。

假設某人向你推銷名貴的奢侈品，但他的衣著卻縐巴巴、腳
上穿了雙破洞的皮鞋，你還會購買他推銷的產品嗎？當然不
會！這顯然是產品與銷售人員的表現錯了位。若企業的銷售代
表形象邋遢，哪個客戶會認為其身後的企業優良呢？你的形象
關乎價值，看得遠的人清楚形象在人際中的重要，一個人衣著
整潔、典雅，具有良好的個人形象，也是向他人暗示「請相信
我，我是有修養、有能力的」，進而為自己贏得更多的好感和
機遇。

從這點延伸，個人形象何嘗不是有價的。它關係到面試成敗、
薪資高低、職位晉升等事業與生活。良好的形象使人在交際中
魅力無窮、所向披靡，不良的形象使人障礙重重、步履維艱。

下面是兩則真實的商業案例，說明形象對人的重要性。

王麗在一家服裝進出口公司當祕書，有次她代表公司去接待日本客戶。客戶對公司的產品讚不絕口，表現出非常滿意的神色，雙方代表談得很愉快，可就在她轉身的一剎那，日本人看到王麗竟穿著破洞的長筒襪，結果生意告吹，而王麗也被公司炒了魷魚。

另一個事例是，唐先生就任美國西海岸S公司總裁後，想起公司六年前曾準備和C公司合作專案，這專案對雙方都非常有利，但就在雙方要正式履行合約時，C公司董事會突然中止了專案。他打給C公司的總經理，詢問中止合約的原因。總經理找到這個專案的檔案，最後一頁寫著，「S公司派來進行談判的高級副總裁穿得像小丑，一副失敗者的沮喪模樣。C公司董事會成員一致認為與這樣的公司合作是不恰當的。」

上述兩個案例說明，不恰當的形象會使談判功敗垂成。可見不重視形象會使價值扣分。

好的形象是成功人生的潛在資本，可以增強自信，也較容易贏得他人的信任與好感，進而促進事業成功，使人生順達。一個注意形象並自覺保持的人，總能獲得信任，在逆境中得到幫助，必定能在人生旅途中找到發揮才能的機會。

Chapter 05

躲過陷阱，未來的人生一帆風順

放人一條生路，就是給自己一條退路。誰也無法預料
未來，做事留餘地是中庸之道的體現，也是溫和的處
世方式。

目光短淺的人，最容易驕傲自大

看得遠的人眼界開闊，明白人外有人、天外有天，因此懂
得謙卑，在為人處世中無往不勝。

目光短淺的人，看不清外面的世界，眼界狹窄，總以為自己很
厲害，驕傲自大，目中無人。殊不知驕兵必敗，人一旦驕傲，
縱有天大的本領，往往什麼都做不好。

提起《三國演義》裡的關羽，可謂勇猛威武，清人毛宗崗稱：
「歷稽載籍，名將如雲，而絕倫超群者，莫如雲長。」說他是
古往今來名將中第一奇人。關羽的事蹟也確實如傳奇般令人讚
嘆，溫酒斬華雄、匹馬斬顏良、偏師擒於禁、擂鼓三通斬蔡陽
等，百萬軍中取上將首級，如探囊取物。

然而令人意料不到的是，這位叱吒風雲、威震三軍的一世之
雄，下場卻很悲慘，居然「南郡喪孫權，頭顱行萬里」，被東
吳大將呂蒙一個奇襲，倉皇中兵敗失地，讓人割下腦袋。羅貫
中說關羽是「龍遊溝壑遭蝦戲，鳳入牢籠被鳥欺」。

其實追根溯源，是驕傲自大導致了他的失敗。當諸葛亮抬舉馬超時，他老大不滿意說：「馬超算什麼玩意兒，怎能與我老關並列？」孫權向他攀親家，他出口罵道：「犬子怎配虎女！」直到即將因被俘殺頭時仍不醒悟，可見驕傲自大給人的負面影響有多嚴重。

人生的陷阱很多，一旦跌入驕傲自大的陷阱，就會付出慘痛的代價。看得遠的人眼界開闊，明白天外有天、人外有人的道理，因此懂得謙卑，在為人處世中無往不勝。

謙卑是種智慧，是為人處世的黃金法則，懂得謙卑的人容易受到尊重、被別人接納，因而得到珍貴的友情。謙卑的人不會極盡表現優越感，只有不謙卑的人才自以為能對別人飛揚跋扈。殊不知，當你拋棄謙卑而在別人面前誇耀時，其實是在顯示自己的無知和愚蠢。

一天，蘇格拉底和學生們聚在一起聊天。其中有個學生的父親是富翁，這位富翁的兒子趾高氣揚地向所有同學炫耀，他家在雅典附近有片一望無邊的肥沃土地。當他口若懸河、大肆吹噓時，一直在身旁不動聲色的蘇格拉底，拿出了世界地圖，說：「麻煩你指給我看看，亞細亞在哪裡？」

「這一大片都是。」學生指著地圖揚揚得意地回答。

「很好！那麼希臘在哪裡？」蘇格拉底又問。

學生好不容易在地圖上將希臘找出來，但和亞細亞相比，的確是太小了。

「雅典在哪裡？」蘇格拉底又問。

「雅典就更小了，好像在這裡。」學生指著地圖上的一個小點說。

最後，蘇格拉底看著他說：「現在，請你指給我看，你家那塊一望無邊的肥沃土地在哪裡？」

學生急得滿頭大汗，當然找不到。他家那塊一望無邊的肥沃土地，在地圖上連個影子也沒有。他尷尬又覺悟地回答：「對不起，我找不到！」

尺有所短，寸有所長，一個人總有不如別人的地方，沒必要擺出「天下第一」的態度，只會引起別人反感。驕傲自大的人，就像裝滿東西的瓶子，很難再裝進別的東西，只有在謙卑時，才能聽進別人的話，有所進步。

周公是歷史上著名的政治家，他尊敬賢能，吃飯時如有客人來

訪，也要放下手中的筷子，吐出嘴裡的飯，恭敬地聽他們說話。孔子是聖人，仍不厭其煩地向人請教，即使是小孩，只要他說得對，孔子都認真聽取。孔子的學生說：「老師，有人笑你學問那麼大，為何還什麼都要問。」孔子答：「不懂就問，有什麼不對嗎？」只要懷著謙卑的心，肯低頭向他人學習，處處都能學到智慧。

某家雜誌社做了一項「最受歡迎的人和最不受歡迎的人」的調查，結果最受歡迎的人是有才幹且謙虛的人；而最不受歡迎的人則是自命不凡、目空一切、驕傲自大的人。這項調查充分顯示驕傲自大是多麼令人討厭的特質。尤其是剛出社會的年輕人，若驕傲自大，沒人會想把成功的經驗傳授給你。剛學到皮毛就以為自己是行家，自以為是，那麼就很難達到成功頂端。

「愈飽滿的穀穗，頭垂得愈低」，這是真正懂得低調處世的意義後，表現的謙卑態度。你愈謙卑，就愈容易得到別人的讚賞和認同。謙卑，實在是妙不可言的智慧。

今天不留餘地，明天山窮水盡

做事留餘地是中庸之道的體現，也是溫和的處世方式。不說大話，避免給別人帶來壓力，也避免遭人厭惡。事不做絕，給別人一條生路的同時，也替自己累積福德。

《菜根譚》中有這樣一句話，「滋味濃時減三分讓人食，路徑窄處留一步與人行。」這句話告訴我們，留人寬綽，於己寬綽；與人方便，與己方便。這是古人的處世祕訣。看得遠的人從不說過頭的話，不把事做絕，總給自己留餘地，不致走到山窮水盡的絕路上。而目光短淺的人，說話做事都不留餘地，或打包票說一切包在自己身上，或賭咒起誓，保證肯定沒問題。聽者以為他們能耐很大，可事後往往失望地發現，他們不過是吹牛而已，於是再也不信任這種喜歡吹牛的人。某公司要研發新項目，老闆將此事交給下屬李傑，問他：「有沒有問題？」李傑拍著胸脯回答：「沒問題，放心吧。保證三天完成！」過了三天，李傑卻沒任何動靜。老闆問他進度如何，他才老實說：「沒有想像中那麼簡單……」雖老闆同意給他更多的時間完成任務，但對他拍胸脯的信誓旦旦已開始反感。

像李傑這樣的例子不少，不給自己留餘地的人，吃虧的總是自

己。一位朋友與同事間發生了一點摩擦，彼此很不愉快，他意氣用事地對同事說：「從今以後我們之間一刀兩斷，彼此毫無瓜葛！」話說完不到三個月，他的同事成了新上司。他因講了過重的話，只好尷尬地辭職，另謀他就。

這就是不留餘地的危害。杯子留點空間，是為了在輕輕晃動時，不讓液體灑出來；氣球留有空間，是為了不因輕微的擠壓而爆炸；人做事留有空間，是為了讓自己有挽回的餘地。《周易》中有句話，「物極必反，否極泰來。」這話告訴我們，「至行不可及處，至及則無路可續行；言不可稱絕對，稱絕則無理可續言。」做任何事，進一步也應讓三分。

平時看似溫文儒雅或柔弱的人，若真被點了死穴，也會變成凶猛的野獸。做事不要太絕，就是避免點中別人的死穴，把人往絕路上逼。放人一條生路，就是給自己一條退路。誰也無法預料未來，做事留餘地是中庸之道的體現，也是溫和的處世方式。

這個世界總有奇妙的輪迴，一時的得意總要由以後的失意來償還；一時的猖狂也總會由以後的報應來彌補。說話做事留餘地，才是保護自己的好辦法，讓你在任何時候都能從容應對、進退自如。

做一個最「糊塗」的聰明人

裝糊塗就是凡事不要鑽牛角尖，不要想不開，不要太計較。事情都是隨著時間慢慢清晰，抑或慢慢變淡、化解和消融，於是就有了答案。

有一種人很聰明，他們對任何事都看得一清二楚，從不吃虧上當，心中的小算盤打得比誰都快，眼裡容不得一粒沙。但「聰明反被聰明誤」，這種人因太過聰明，以致其他人都對其敬而遠之。聰明固然是好事，但有時需要裝糊塗。聰明容易，糊塗卻難，所以「難得糊塗」歷來被推崇為高明的處世之道。該糊塗時糊塗，等於替各種繁雜事塗上潤滑油，使其順利運轉。糊塗哲學體現從容不迫的氣度，不懂糊塗的人，難有大成就。

裝糊塗就是凡事不要鑽牛角尖、不要想不開、不要太計較。事情都是隨著時間慢慢清晰，抑或慢慢變淡、化解和消融，於是就有了答案。很多時候睜一隻眼閉一隻眼，就成為最「糊塗」的聰明人了。假如有人告訴你，「某某人在背後罵你。」你聽後會做何反應？你可能會非常惱怒，想立刻找這人算帳。若是這樣，那你不僅氣壞自己的身體，還會擴大事態，徒增痛苦。

富弼是北宋名相，他年少時，有次走在洛陽大街上，平白無故地遭人斥責。有人過來悄聲說：「某某在背後罵你！」富弼說：「大概在罵別人吧。」那人又說：「人家指名道姓在罵你呢！」富弼想了想說：「怕是在罵別人吧，大概有人和我同名同姓。」罵他的人聽到後很是慚愧，趕緊向富弼道歉。年少富弼分明是假裝糊塗，卻顯示了聰明睿智。

有位智者說，若有人當街罵他，他連頭都不會回，因他根本不想知道罵他的人是誰。人生如此短暫寶貴，要做的事太多，何必為這種令人不快的事浪費時間？這位智者和富弼一樣，洞曉難得糊塗的真諦。

人與人之間難免產生摩擦，若斤斤計較、患得患失，往往愈想愈氣，不利身心健康。若能做到遇事糊塗些，煩惱自然少很多。裝糊塗的人其實並不笨，這是大智若愚的表現。美國總統威爾遜小時候看起來比較笨，鎮上有很多人都喜歡和他開玩笑。某天，他同學手中拿著一元和五分，問小威爾遜要選哪一個。威爾遜想都沒想就回答：「我要五分錢。」「哈哈，他竟然不要一塊錢，反而要五分錢。」同伴們都哈哈大笑，把他的笑話四處傳播。

許多人都不相信小威爾遜竟有這麼傻，紛紛拿著錢來測試。然而屢試不爽，小威爾遜每次都回答：「我要五分錢。」整個學校

都傳遍了這個笑話，於是每天都有人用同樣的方法來愚弄他。終於，他的老師知道了這件事，當面問小威爾遜，「難道你分不清楚一塊錢和五分錢的差別嗎？」小威爾遜答：「我當然知道。但若我選了一塊錢，就不會再有人拿錢來測試，那麼我就連一毛錢都賺不到了。」

老師聽後恍然大悟。他只是不願把心思放在貪圖小利的聰明上，而著眼於裝糊塗。由此可見，做人難，做聰明人難，做糊塗人更難。人生難得糊塗，貴在糊塗，樂於糊塗。因此學一點糊塗學，也許會使你恍然頓悟，帶來大智慧。

顯山露水，不如鋒藏守拙

那些為人張狂、鋒芒畢露的人，難免會遭人嫉恨陷害。而
善藏鋒者成大器，藏鋒守拙是高明的處世智慧。

有一種人特別好強、愛表現，在任何場合都想把別人壓倒，特
別是在老闆、上司等人面前。這種過度表現自己的人，真的能
贏得別人的青睞嗎？其實這種人的人緣並不好，愛表現的舉動
往往也不被上司看好。一位做過多年經理的朋友說：「不少老
闆都不喜歡愛表現、愛摻和的員工。特別是新人，專心做好分
內的事就好了，過度表現反而讓人反感。」

一家在業界知名的會計公司招聘新人小李，他剛開始工作時積
極主動，人際關係也處得不錯。可才過兩個月，問題就出現
了。不斷有員工向經理反映，說小李很喜歡到處打聽公司內部
的事，刨根問柢，讓人很不舒服。一開始經理不太在意，只在
私下接觸時默默觀察他。

經理漸漸注意到，小李太愛打聽，誰說什麼他都豎起耳朵聽
著。有次，某員工向經理彙報下個月的計畫表，碰巧小李也在
旁邊。說話空檔，經理用餘光掃了小李一眼，明顯感覺到他停

下手邊工作，耳朵豎了起來，全神貫注，生怕聽漏一句話。經理見此特別反感，覺得此人太有心機，自己分內的工作不認真做，反倒對不屬於自己的事積極過了頭。後來發現他不光聽，還太愛表現，不相關的工作，只要讓他知道了，他都要發表意見。

某天，公司財務部門有個複雜的報表要處理，經理問了幾個部門的老員工，小李也在場，很明顯他聽進了心裡。沒幾分鐘，小李就進到經理辦公室，自告奮勇說想試試。當時經理真有些哭笑不得，因一般來說，公司的財務情況是不會讓新人參與的，小李真是積極過了頭。類似的情況還有很多，經理提醒小李不少次，可他就是改不了。無奈試用期過後，公司不得不將其辭退。

太愛表現的人不懂藏鋒守拙的智慧，「木秀於林，風必摧之；堆出於岸，流必湍之；行高於人，眾必非之」，說的就是鋒芒畢露者的下場。那些為人張狂、鋒芒畢露的人，難免會遭人嫉恨陷害。而善藏鋒者成大器，藏鋒守拙是高明的處世智慧。

君子才華不露、聰明不逞，才有任重道遠的力量。

說到藏鋒守拙，曾國藩算是箇中高手，正因他懂得其中的道理和利害，才能在複雜的官場中巧妙避之，不引禍上身。

同治三年，曾國藩兄弟率湘軍攻破天京後，雖舉國為之歡慶，連皇上也十分振奮，但多年的官場經驗告訴他，功高震主危及身家。於是他在給朝廷的奏摺中表示，「臣統軍太多，即撥裁撤三四萬人，以節靡費」，事實上，是他主動要求裁撤湘軍。

時人王定安曾說：「曾國藩向來不愛出鋒頭，懂得功高震主的道理，認為湘軍暮氣太重，不可複用，主張任用淮軍。但曾國藩的言論實際上是遠離權勢、保住美名。」出於對官場的熟悉，加之對弟弟曾國荃性格的了解，曾國藩在裁撤湘軍時，還奏請曾國荃因病開缺、回籍調養。

因當時曾國荃攻破天京的所作所為，一時間成為眾矢之的，且清廷也擔心他登高一呼，從者雲集，所以想讓他早點離開軍營。曾國藩此時以其病情嚴重為由，讓其回鄉調理，很快就得到朝廷的批准，並賞曾國荃六兩人參，以示慰藉。雖弟弟一度對曾國藩的作為怨氣滿腹，但最終曾氏能在官場平安地走到最後，足以驗證曾國藩的藏鋒守拙是明智之舉。

曾國藩的守拙是自我保護、實現自我價值的生存之道。有才能固然是好事，適時顯露出來也是必要的，但帶刺的玫瑰最容易傷人，因此何時該顯何時該藏，就是門學問。很多時候，藏鋒守拙、放低姿態是高明的處世智慧。

兵馬俑坑至今已出土陶俑千餘尊，除跪射俑外，皆有不同程度的損壞。而其中一尊跪射俑保存完整，仔細觀察，就連衣紋、髮絲都還清晰可辨。跪射俑何以能良好保存？文物專家說，這得益於它的低姿態。

有才華是好事，但不應過度炫耀，以免流於自大，招致輕視。即便展示，也應避免粗俗。智而示以愚，強而示以弱，能而示之不能，用而示之不用。藏鋒守拙不是懦弱和畏縮，而是聰明的處世之道，是人生的大智慧、大境界。

目光長遠者最懂分寸，知進退

成功人士之所以能在人生道路上一帆風順，不是他們聰明過人，更不是懂得方法、手段，而是在於對人性的洞察……

有人曾說過，人生智慧不過六個字：懂分寸，知進退。

冒進或保守都是不懂分寸、不知進退。人貴有自知之明，審時度勢，分寸把握得當，進退有度，才是真正的智慧。俗話說：「做菜講究火候，做人注意分寸。」做菜時若火候掌握不好，很可能毀了食材，而為人處世若無法掌握分寸，就容易得罪人，給自己帶來不少麻煩。古兵法中也有「一言不慎身敗名裂，一語不慎全軍覆沒」的箴言。佛家也認為，人在起心動念之際，同時種下因果，若動了邪念，就種下禍根，不但留下後患，還會殃及子孫。

為人處世把握不好分寸，百無禁忌，口無遮攔，輕則會惹人厭煩，重則會引火焚身。

南朝時，齊高帝蕭道成曾與當時的書法家王僧虔一起研習書

法。某天，高帝突然問王僧虔，「你我的字，誰的最好？」王僧虔遲疑了一下，若說高帝的字比自己好，是違心之言；若說高帝的字不如自己，又會使高帝面子掛不住，搞不好會帶來隱患，於是他巧妙地說：「我的字是臣中最好，您的字是君中最好。」高帝聽後便明白王僧虔話中之意，哈哈大笑，以後不再提及此事。王僧虔的巧妙回答，既讓他免除了直言的尷尬，又不違反自己的原則，使大家能心領神會，沒有因一言不慎而傷和氣，可謂巧妙至極。

縱觀歷史，成功人士之所以能在人生道路上一帆風順，不是他們聰明過人，更不是懂得方法、手段，而是在於對人性的洞察，懂得什麼叫恰如其分、什麼叫不偏不倚、什麼叫見好就收。一句話，他們善於把握分寸。

做事懂分寸，都是深諳中庸之道的人。他們懂得說話的輕與重、多與少，懂得如何表現自己又不讓人反感，總能將最好的自己呈現在別人面前。與人交往時，既能嚴於律己也能寬以待人，善於與人相處又不失自我，從容周旋於人群中。

與人合作時，他們懂得怎樣輕鬆達到目的、取得績效，讓人留下能力很強的印象；在處理問題時，他們既保持原則又靈活，懂得事情的輕重緩急，善於把握時機，做到手起刀落、藥到病除。他們有良好的心態，能以高標準處世做人，既厚道又精

明，得意時不張狂，失意時不氣餒，坦然面對人生的得與失。正因他們能把握這些分寸，最終才能取得成功，或比別人更接近成功。

總之，任何事都離不開「分寸」兩字。人生在世，分寸無處不在、無處不有，人際關係需要分寸，成就事業需要分寸，推進工作需要分寸。人生的成敗興衰、濃淡緩急，無不在把握分寸中見分曉。

做人有分寸，還要知進退。《左傳》說：「見可而進，知難而退，軍之善政也。」其實，知所進退何止是「軍之善政」，在官場、商場、職場、情場……幾乎一切社會生活中，我們都要知所進退。

劉邦進咸陽約法三章、赴鴻門宴不辭而別，知進又知退，最終得以成就大業。項羽沽名釣譽放劉邦跑路、敗走烏江有船不渡寧可自刎，不知進也不知退，千古之下，僅供人輕嘆一聲而已。韓信因功求封侯、擁兵不謀反，先不知退後不知進，終於被呂后害死。范蠡功成名就，攜美人泛舟五湖，知進知退，樂享天年。華盛頓任期滿，置舉國擁戴於不顧拒絕連任，以謙卑姿態和恬淡的心態退出政治舞臺，在美國人心目中保留幾乎完美的形象。

事情的成敗都在能否把握進退之間的「度」。《論語》說：「不
得中行而與之，必也狂狷乎。狂者進取，狷者有所不為也。」
這裡的「中行」就是中庸，它是種不偏不倚、調和折中的態
度，它的兩端就是「狂」與「狷」。「狂」和「狷」一樣有好的
地方，也有不好的地方，那就是狂者易過之、狷者易不及。過
之容易冒進，膽大妄為；不及容易退縮，無所作為。只有審時
度勢、量力而行，方能做到進退自如、趨利避害。

進退之間彰顯人生智慧，需要手段。做人有分寸、知進退，才
能在人生中有所成就。

別上了固執的當

> 固執的人絕大多數是自幼養成隨心所欲的性格，遇事愛鑽
> 牛角尖。固執既不是頑強的表現，也不是自信的象徵，對
> 人際交往有害無益。

俗話說：「兼聽則明，偏信則暗。」若不聽取別人的建議，一味
由著性子來，固執己見，這種人只會掉進自己挖的陷阱中，無
法自拔。

三國時期，蜀國街亭為漢中咽喉要地，須派精兵強將駐守。馬
謖主動請令，諸葛亮再三囑咐他須靠山近水紮營，並派王平
為副將輔助。但馬謖剛愎自用，對諸葛亮的囑咐置之不理，打
算在街亭旁的山上紮營。王平提醒：「丞相在我們臨走時囑咐
過，要堅守城池，穩紮營壘，在山上太冒險了。」馬謖沒有打
仗經驗，自以為熟讀兵書，根本不聽王平的勸告，堅持要在山
上紮營。

司馬懿、張郃率領魏軍趕到街亭時，看到馬謖放棄現成的城池
不守，卻把人馬紮在山上，馬上吩咐將士在山下築好營壘，
圍困馬謖的軍隊。後來，魏軍切斷了山上的水源。蜀軍失去水

源，連飯都做不成，時間一長，自己先亂了陣腳。司馬懿、張部看準時機，發起總攻，蜀軍大敗，街亭失守。諸葛亮知道街亭失守完全是因馬謖違反了作戰部署，按照軍法，「揮淚」斬了馬謖。固執己見的馬謖不聽勸說，最後一敗塗地，為固執付出了沉重的代價。

從馬謖的故事不難看出，固執的人大多目光狹隘、思想偏激，於是在大腦皮層形成「惰性興奮中心」，一旦某種思想深深紮根在腦海，就聽不進其他意見了。固執的人絕大多數是自幼養成隨心所欲的性格，遇事愛鑽牛角尖。固執既不是頑強的表現，也不是自信的象徵，對人際交往有害無益。因你始終覺得自己比對方厲害，對別人不屑一顧，擺出高高在上的姿態，誰願意和你交往呢？

放下固有思維，多聽取別人的意見，才是聰明的作法。漢高祖劉邦曾問群臣，「吾何以得天下？」群臣回答皆不得要領。劉邦遂說：「我之所以有今天，得力於三個人——運籌帷幄之中，決勝千里之外，吾不如張良；鎮守國家，安撫百姓，不斷供給軍糧，吾不如蕭何；率百萬之眾，戰必勝，攻必取，吾不如韓信。三位皆人傑，吾能用之，此吾所以取天下者也。」劉邦之所以能平定天下，是因不固執己見，善於聽取別人的意見，最後成就大業。

生活中總有人不願聽取任何人的意見，有的固執於金錢，有的固執於名利，有的固執於陳規，有的固執於幻想。總之，他們聽不進別人的勸告，一意孤行，最後走向失敗。所以人只有善於聽取別人的意見，才能走出偏執誤區，成功解決問題。

當然，一個有主見、有頭腦、有思想、不隨人俯仰、不與世沉浮的人，無疑具備值得稱道的好品德，但這點還要以不固執己見、不偏激執拗為前提。無論是做人或處世，都應多些辯證觀點。死守一隅，坐井觀天，把偏見當成真理，至死不悟，是做人處世的大忌。

Chapter 06

看得遠，就更懂得誠信的珍貴

哪怕要付出任何代價，都必須信守承諾，才能獲得別人的信任，千萬不要亂開「空頭支票」，不然不僅傷害對方，還會毀壞自己的聲譽。

誠信是一輩子的財富

誠信是每個人都應遵循的原則。當你以誠信的心對待別人
時，才會得到別人的認同，收穫尊重、善待與合作。

新聞報導中，經常看到只顧蠅頭小利的商家，利用不正當的手
段營利，曝光後，不但被沒收非法收入，還變得聲名狼藉。而
那些百年老店，為何能受到長期追捧呢？是因他們用一貫的高
品質打造了金字招牌，誠信經營，用世世代代的口碑和品質，
經歷百年風雨，成為人們信賴的老招牌。因此財源滾滾、受益
無窮。

古人說：「誠信是金。」一個有誠信的人就等於擁有了黃金般的
財富。誠信雖不是具體錢財，但它能帶來更多財富，甚至比一
切東西都要有價值，是無價之寶。

南北朝時，有個貧寒的讀書人叫明山賓。除了父親留下的一頭
牛外，他別無他物。某年春天，青黃不接，明山賓只好把牛牽
到集市去賣，等了半天才把牛賣出去。明山賓走出集市後忽然
想到，這頭牛從前得過蹄疾，若勞作過累或牛棚過於潮濕，蹄
疾就會復發。如今換了主人，不知正確使役，到時候人家不是

等於買了頭沒用的牛嗎？於是他急忙趕回去找到買主，把情況一五一十地告知，還特別囑咐使役、飼養的方法。明山賓退還了一些錢，心情輕鬆地回了家。這件事傳開後，人們都稱讚明山賓的誠實美德。

這就是「明山賓賣牛」的故事。雖明山賓失去了到手的金錢，卻留住了比黃金還可貴的誠信。沒有誠信的人必定孤家寡人；沒有誠信的家庭必無親朋好友；沒有誠信的社會必將是欺詐橫行的社會。不講誠信是摧毀財富的魔鬼，目光短淺的人往往只看重眼前的利益，丟了誠信卻追悔莫及。

以前有對賣酒夫妻，因酒中不摻水，所以生意十分熱絡。某段時間丈夫外出經商，回來後發現店面冷清了許多，妻子病臥在床，丈夫問：「發生了什麼事？」妻子回答：「我在酒中摻了水，多賣了一點錢，但後來來買酒的人愈來愈少了。」丈夫悲哀地說：「妳把妳的誠信用蠅頭小利賣掉了。」妻子聽完後流下了悔恨的眼淚。

德國著名詩人海涅曾說：「生命不可能在謊言中開出燦爛的鮮花。」誠信是品格、操守、境界，也是種魅力。誠信是每個人都應遵循的原則。當你以誠信的心對待別人時，才會得到別人的認同，收穫尊重、善待與合作。

「人有兩樣東西誰也拿不走，一個是知識，一個是信譽。我只要求你做個正直的公民。不論將來是貧或富，也不論職位高低，只要你是正直的人，就是我的好兒子。」這是聯想集團董事局主席柳傳志致父親的悼詞中，追憶父親對他的教誨。聯想的成功離不開誠信，它取信於銀行、員工和投資者。一九九六和一九九七年，香港聯想公司因庫存積壓，造成一點九億港元的虧損，這在當時是很大的數字。公司運作要大量的流動資金，而這筆錢需要從銀行貸款。

在危急關頭，聯想的管理階層，竟選擇先告之銀行虧損的消息，再申請貸款。一般人認為，先借錢再通知虧損或乾脆不通知銀行，會比較容易借到錢。但聯想寧願付出天價，也不願失去銀行的信任。此舉果然贏得信任，並再次貸到了款。所以誠信是人一輩子的財富，它是無價之寶。聯想靠誠信贏得了足夠的信譽，也贏得了巨大的財富，這就是誠信的力量。

在現代社會，一個企業、一個公司、一個產品要立足於世、取信於人，誠信乃成功之法碼。商家不講誠信走不遠，人不講誠信更會被社會淘汰。試想，天底下有誰願意與言而無信的人交往呢？

我們都知道猶太人聰明，特別出了許多商業奇才。為何他們會如此成功，其實道理很簡單，就是因為誠信。做生意從來都是

分釐必賺、絲毫不讓的，但在已簽訂的契約面前，猶太商人總寧願吃虧也要絕對遵守。在猶太商人看來，毀約是不可原諒的事，因他們深信，他們的存在是因和上帝簽訂了契約，若不履行，就是打破神與人之間的約定，當事人一定會有災難。在猶太人眼中，一個人的誠信比生命還重要。

看得遠的人，無論何時都不會放棄誠信，因擁有誠信就等於擁有巨大的財富。

誠信讓未來的日子一帆風順

> 對人以誠，人不欺我；對事以誠信，事無不成。信用即是
> 無形力量，也是無形的財富。一個人要成功，離不開別人
> 的幫助和支持。

「未學經商，先學做人」是李嘉誠經常說的一句話。不難看出
做人是做事的前提。

一個人不管有多聰明、多能幹、條件有多好，若不懂得做人，
那麼最終難免會失敗，做事四處受限、處處碰壁、事倍功半。
懂得做人的人一定會先「立信」。年輕、財富、學識、友誼毫
無疑問是成功的資本，其中最關鍵的資本是信用。古今中外的
成功者，都深知「做人先立信」的重要。

建安五年，曹操出兵東征。劉備被迫投奔袁紹，關羽則為曹操
擒獲，拜為偏將軍。曹操對關羽很尊重，待之以厚禮。但曹操
發現關羽心神不寧，並沒有久留的意思，於是對張遼說：「你
試著問問關羽，是否願意留在這裡。」於是張遼來到關羽住
處，詢問關羽的意見，關羽嘆息說：「我知道曹公對我厚愛，
不過我既受劉備的知遇大恩，並起過共生死的誓願，是不能背

棄信義的。我總有一天要離開，但在離開前，對曹公一定有所回報。」張遼轉告了曹操，曹操敬重關羽的義氣，也不為難他，並說：「若哪天關羽想離開，我不會阻攔。」

後來，關羽斬殺了袁紹的大將軍顏良、文醜，並解了曹操的白馬之圍，曹操知道他肯定是要走了，於是重重賞賜他。但關羽則把所有的賞賜原封不動地留下，投奔正在袁紹軍營裡的劉備去了。當曹操的部下要去追殺關羽時，曹操說：「人，各為其主，不要追他。」

從故事中不難看出，曹操是很有風度的人，但這樣做的目的是藉此顯示他的仁義，取信於民，圖謀霸業。即使像曹操這樣的梟雄，都不敢失去「信」，可見「信」在為人處世中有多麼重要。

以「信義」爭取民心，在春秋戰國時代、諸侯紛爭天下之際更需如此。商鞅在秦國實行變法，法令已制訂完成，但還未公布，他擔心老百姓不相信，就豎了根三丈長的木頭在南門口，宣布說：「誰能將這根木頭扛到北門口，賞十金。」老百姓感到奇怪，不敢搬。商鞅又說：「能扛的賞五十金。」有個人扛起了木頭走到北門口，商鞅馬上賞他五十金。如此一來，當變法一公布，老百姓馬上就相信了。由此可知，商鞅立木是為了立信，表示堅守信用，為變法鳴鑼開道。

俗話說：「對人以誠，人不欺我；對事以誠信，事無不成。」信用即是無形力量，也是無形的財富。一個人要成功，離不開別人的幫助和支持。成功需要良好的人際關係，無論是家人、親朋好友或同事、同行、客戶、消費者，都是你的人際圈，要維持這些資源，最重要的是信譽，讓大家信得過你。若不重視信譽，失去了別人的信任，那注定會失去他人的支持，遭到唾棄。

司馬光曾說：「信，是君王的最大法寶。國家靠人民保護，人民靠信義保護，不講信義就無法使喚人民，沒有人民就沒辦法守衛國家。所以古代的君王不欺騙天下人；稱霸天下的人不欺騙鄰國；善於治國的人不欺騙臣民；善於持家的人不欺騙親人。不善於稱王稱霸、治國持家的人正好相反，欺騙鄰國、百姓，甚至連自己的兄弟父子也欺騙。上面不相信下面，下面也不相信上面，上下離心離德，最終導致失敗。這不是太可悲了嗎？」司馬氏之言確有一番道理。

做人先立信。人生想有所成就，就不能不重視自己的信用。

你信守承諾，別人才會信任你

若你不輕易承諾別人，別人就不會心存希望，更不會毫無
價值地等待，自然不會失望。相反的，若你輕易許下承
諾，無疑在別人心裡播下希望，當你無法兌現時，別人的
希望就落空了。

有些人在生活或工作上經常不負責任，許下各種無法兌現的承
諾，給別人留下惡劣印象。比如，今天答應朋友一起吃飯，可
臨時有事去不了，或對以前的同事說，明天我去看你，最後因
某些理由沒辦法到。再比如，你答應要和別人聯繫，幫忙辦某
件事，但最後那人一直等不到你的消息等等。試想，那些相信
你的人正傻傻地等待，可那些許下承諾的人卻早已忘了諾言，
或是身不由己無法實現。不管怎麼說，當承諾無法兌現時，對
於等待的人來說，就是一次不愉快的經歷，因他們的夢想破滅
了。

若你不輕易承諾別人，別人就不會心存希望，更不會毫無價值
地等待，自然不會失望。相反的，若你輕易許下承諾，無疑在
別人心裡播下希望，當你無法兌現時，別人的希望就落空了。
如此一來，你的形象就會大跌，別人也不再願意與你共事，你

只能孤軍奮戰。

名作家巴爾扎克曾說：「若你想成為一個有出息的人，就把諾言視為第二宗教，遵守諾言和保衛榮譽同樣重要。」謹慎承諾，許諾後一定要履行，不能失信於人。一個人的誠實與信譽是獲得良好人際關係，走向成功的基礎，而能否兌現承諾是判斷是否講信用的主要標準。

有次，曾參的妻子帶兒子去市場買菜，一路上兒子哭鬧不停，曾參的妻子就對兒子說：「你回去吧，等我回去殺豬給你吃。」兒子果然乖乖回家了。等她回到家，看見曾參正準備殺豬，急忙阻止說：「我不過是想安撫兒子罷了，和孩子不用這麼計較。」但曾參不同意，他說：「怎麼能和孩子開這種玩笑？孩子現在還小，妳這樣說話不算數，他一定有樣學樣。現在欺騙他，就是教他不守信用；而妳不守約定，就會讓孩子對母親失去信任，教育孩子不能這樣做。」說完後，曾參就把豬殺了。這個故事告訴我們，要信守諾言，若覺得自己做不到，就不要輕易許諾，否則可能會害人害己。

從前，濟陰有個商人，某天他乘船過河時，因船觸石翻落而跌入水中。於是他大聲向正在打魚的一位漁夫呼救，承諾漁夫只要救了他，將給漁夫一百兩報酬。可當漁夫救了他後，商人卻出爾反爾，只給了十兩酬金。他日，商人再次乘船過河，船

又觸石，他又一次落入水中，而上一次救他的漁夫恰巧也在眼前。但這次無論他怎樣對漁夫承諾，漁夫也不救他了。最終落了溺水而亡的可悲下場。

因此哪怕要付出任何代價，都必須信守承諾，才能獲得別人的信任，千萬不要亂開「空頭支票」，不然不僅傷害對方，還會毀壞自己的聲譽，使你在社會上難以立足。

誰都願意信賴守信的人

看得遠的人，會讓自己成為被別人信賴的人，這關係著是
否能被別人接納、尊重、支持，關係著是否在生活中左右
逢源。

每當想買家電、手機、衣服、食品時，大腦一定會先蹦出幾個
知名品牌，這就是你消費時的首選。為何會這樣呢？因這是你
根據經驗認定這些品牌值得信賴。做人也一樣，若某個人是大
家都信任和推崇的，那麼這輩子想不成功都很難。季布就是這
樣一個人。

西漢初年，有個叫季布的人特別講信義，只要是他答應過的
事，無論有多麼困難，一定想辦法做到。當時流傳著一句諺
語，「得黃金百兩，不如得季布一諾。」可見大家對他多麼信任
和推崇。

後來，劉邦打敗項羽當上了皇帝，開始搜捕項羽的部下。季布
曾是項羽的得力幹將，所以劉邦下令，誰能將季布送到官府，
就賞賜他一千兩黃金。但因季布重信義，深得人心，人們寧願
冒著被誅三族的危險，也要為他提供藏身之所，誰也不願為一

千兩黃金出賣季布。有個姓周的人祕密將季布送到魯地一戶朱姓人家。朱家也很欣賞季布對朋友的信義，盡力保護季布。不僅如此，還專程到洛陽去找汝陰侯夏侯嬰，請他想辦法救季布。夏侯嬰從小就與劉邦很親近，後來又隨劉邦打天下，立下了汗馬功勞。他也很欣賞季布的信義，於是前往劉邦處為季布說情，劉邦不但赦免了季布，還任命季布當河東太守。這一切都是因季布是個值得信任和推崇的人。

有些人很有信用，容易受到周圍人的接納和尊重，所說的話也能讓別人信服，提出的建議總會得到贊同。若遇到困難，別人會毫不猶豫地伸出援手，幫他們度過難關。反之，有些人卻總受到周圍人的排擠，說的話毫無影響力，別人恐怕連聽的興趣都沒有，他的建議在別人看來無足輕重，一旦有困難，別人又怎麼願意幫忙呢？

兩種人的待遇之所以天差地別，根本原因在於前者是別人可以信賴的人，後者則是缺乏信用的人。看得遠的人，會讓自己成為被別人信賴的人，這關係著是否能被別人接納、尊重、支持。有些人覺得，別人是否信賴自己是別人的事，自己無法做主，其實不然。世上固然存在著偏見，但若成為大家都願意信賴的人，就等於擁有通往成功的捷徑。

Chapter 07

今天克制自己，將來才能成就自己

聰明的人懂得低頭，低頭不是自卑也不是懦弱，是為
了與現實保持和諧關係，把摩擦降至最低，保存能
量，走更長遠的路。

忍是人生永不敗北的策略

為人處世中，忍是人生最基本的課程，學不會忍，總要在
生活中吃苦頭的。

沒有誰能隨心所欲地生活，總會有不如意或心想事不成的時
候。某些人不懂得忍，往往因一些小得不能再小的事氣急敗
壞、大發雷霆，結果吃苦頭的還是自己。等自己無緣無故地發
怒後，就連自己也不知為何要發那麼大的脾氣。所以當你感覺
火氣快上來時，要學會忍住，若不會忍耐，不僅傷了身邊的
人，自己也不會好受。不隨便生氣，就要多學忍功。人生有很
多事、很多話、很多氣、很多苦、很多欲需要忍。歷史經驗告
訴我們，忍讓是種智慧、修養、風度和美德。

佛說：「凡事都需要一個『忍』字，忍他人之不能忍，方為人
上人。」

孔子曰：「小不忍則亂大謀。」道家把忍耐看成遠禍的法寶。
清代曾國藩則認為「面對命運，忍耐似乎是走向成功的唯一
法門」。人的一生是不斷奮鬥的歷程，過程必然有勝負，有得
失，只要具備忍耐的胸懷，不管有多大的壓力，都會風平浪

靜、化危為安。

忍有時是怯懦的表現、有時是剛強的外衣，它是環境和機遇對人性的要求，有時是心靈深處對魔邪的自律。不會忍耐的人，就像揮舞木棒的孩子，把自己弄得筋疲力盡，卻不知道他只是在浪費體力而已。但「忍」不是壓抑自己，而是將情緒淡化，讓它無影無蹤，沒有恨的影子。不和別人爭辯，不逞口舌之快，若雙方觀點不一，也不必爭得面紅耳赤，更不必把自己的觀點強加於人。學會忍耐，人才能成長、成熟。

抬頭之前先低頭

「低頭」是種處世能力，不是自卑也不是懦弱，是為了與
現實保持和諧關係，把摩擦降至最低，保存能量，走更長
遠的路……

韓信「胯下之辱」的故事很多人都聽過，但真正懂得內涵的人
並不多。特別是剛出社會的年輕人，年輕氣盛，有時會輕蔑地
說：「若是我，才不會受這樣的侮辱呢！」可是不受這種「辱」
的後果是什麼？若韓信當時不懂得受辱且適時低頭，很可能後
來就沒有赫赫戰功。韓信畢竟是大將之才，懂得「要想抬頭，
先學會低頭」。

「直木遭伐，水滿則溢。」低頭是種智慧，可以使自己站得更
穩，更容易被別人接受。低就是在不該出頭時忍得住，一個不會
低頭的人，很容易被人傷害。若凡事忍不住，急於出頭，除了自
尋苦惱外，不會真正得到什麼。就像一粒種子，你要它長大，就
必須先把它埋在土裡。若不肯忍受被泥土埋藏的苦悶，只想享受
溫暖的陽光、新鮮的空氣，那麼它永遠也不會生根發芽。同樣的
道理，人只有忍住浮躁的欲望，才能有所作為。人都有出頭的欲
望，但「煩惱皆因強出頭」，這句話可說是生存處世的經驗談。

這裡的「強」有兩個意思。第一是「勉強」，也就是自己能力不夠，卻勉強做某些事情。勉強去做，固然有可能意外成功，但通常的結果是失敗，既折損了鬥志，也惹來嘲笑。當然，我們並不是嘲笑正常情況下的失敗，失敗是成功之母，可在別人眼中，你的失敗卻是能力不足、自不量力的同義語，極有可能成為烙印。這就是你強出頭的煩惱。

忍耐的人能承受外在因素的紛擾，不怕責難，勇擔大任。春秋戰國時期，越王勾踐被吳王夫差打敗後，不畏懼吳王的種種責難，佯裝稱臣，忍受屈辱，最終被放回國。經過十多年的艱苦磨難，勾踐終於一舉滅吳，實現了復國雪恥的抱負。勾踐在他人的責難前選擇忍耐，實踐堅韌和智慧。第二個意思是「強力」，你雖有足夠的能力，但客觀條件還不成熟。這種情況下，以現有的能力出頭，雖不是毫無成功機會，但會費很多周折，衍生不必要的麻煩，這也是強出頭導致的。所以我們應當謹記兩點：一是本身能力不足時，就不要強出頭；二是天時地利、人勢不足時，就不要強出頭。

聰明的人懂得低頭，低頭不是自卑也不是懦弱，是為了與現實保持和諧關係，把摩擦降至最低，保存能量，走更長遠的路，更為了將不利的環境轉化成有利的力量，這是處世的柔軟，也是高明的生存智慧。

別讓「忍不住」害了你

人在「忍不住」時，大腦就容易短路。人在短路大腦的控制下，不可能對棘手問題做出正確反應。因人一旦忍不住，就會失去理智，做出愚蠢的決定。

忍說來簡單，但做起來難，特別是對年輕氣盛的人來說。人一輩子犯的錯，大多是因「忍不住」造成的。比如在受到上司莫名其妙的訓斥；某件事情明明自己沒錯，卻受周圍人誤解；與交往多年的戀人分手了。假使你遇到上述情況，一定會有「發瘋」的感覺吧？

人一旦衝動，就會失去理智，其實生活中有許多悲劇，都是因當事人在突發情況下不理性、衝動，大發脾氣讓事態惡化，造成無可挽回的損失。

報紙上曾報導過一件事：

一位大學畢業生在一家公司當產品行銷，公司提出三個月試用期。三個月過去了，這位大學生沒接到正式聘用通知，於是生氣地找副經理理論，陳述自己為公司付出的一切，大罵公司不

識人才，一怒之下提出辭職。

副經理請他再考慮一下，他越發火冒三丈，說了很多抱怨的話。於是對方也動了氣，明白告訴他，其實公司不但決定正式聘用他，幾位主管還開會討論，決定提拔他為行銷部的副主任。但他這麼一鬧，公司無論如何也不再用他了。這位涉世未深的大學生，因「忍不住」而喪失了絕佳的工作機會。

專家證實，人在「忍不住」時，大腦就容易短路。人在短路大腦的控制下，不可能對棘手問題做出正確反應。因人一旦忍不住，就會失去理智，做出愚蠢的決定。所以當覺得自己快失控時，自問：「這樣做能否達到目的？對解決事情有無幫助？」千萬別因一時「忍不住」，而犯下後悔莫及的錯誤。

有一對年輕夫妻，太太因難產而死，留下一個孩子。父親忙於工作，沒時間照顧孩子，於是訓練了一隻狗來照顧孩子。那隻狗聰明聽話，很快就能看顧小孩。有天，父親出門上班，留下那隻狗照顧孩子。因遇大雪，父親當日不能回去，第二天才趕回家。他打開房門一看，發現到處是血跡，而孩子不見了，狗卻在床邊滿口是血。父親以為是狗野性發作，把孩子吃了，大怒下拿起刀向著狗頭一劈，把狗殺死。

不一會兒，父親忽然聽到孩子的聲音，又見孩子從床下爬出

來，於是抱起孩子，發現孩子雖身上有血，但並未受傷。父親感到奇怪，看看躺在血泊中的狗，狗腿上少了塊肉，旁邊還躺著一隻狼，口裡還咬著狗的肉。原來，狗和狼之間發生了激烈爭鬥，狗最終拚命救了小主人，卻被大主人誤殺了，這真是天下最令人悲傷的誤會。

因一時「忍不住」而使做出衝動行為，在生活中比比皆是。譬如一向尊敬的人，若做出令你傷心的事情，你很可能立即出言諷刺。辦公室是最容易滋生怒火的場所，當看到能力平平的同事晉升，而自己卻備受冷落時，便會怒火中燒，跑到老闆面前拍桌子，將辭呈重重一摔，自以為很帥地說：「我不幹了！」在當時可能是出了口氣，但冷靜下來會發現，有時事情的真相並不是如我們所想。所以在生活中，我們應理性地面對各種情況，少做後悔莫及的舉動。

不生氣，才能贏得明天

忍得住的人有豁達的胸懷，胸納百川，處事泰然，遇到不
順心的事能坦然面對。自己陣腳不亂，誰又能擊敗你呢？

一個人有沒有涵養、能不能成大器，光看有沒有忍耐力就知道
了。一個沒有忍耐力，遇到不順心就煩躁、抓狂的人，是不會
有大成就的，因這樣的人內心脆弱、不堪一擊。

有三樣東西——皮球、雞蛋、咖啡豆，將它們先後投入沸水
中。結果，皮球因氣體太多，很快就爆炸了；雞蛋卻慢慢由生
變熟，不像以前那樣不堪一擊、容易破碎；咖啡豆進入沸水
後，毫不猶豫地溶化自己，讓開水變成香濃可口的咖啡。

人生之事不如意者十之八九，誰都會經歷坎坷和挫折。只不過
有人像皮球，因無法忍耐而不堪一擊；有人像雞蛋，經歷挫折
反而更加堅強；有人像咖啡豆，將挫折視為鍛鍊的機會。

「不生氣，就贏了。」這是金庸的至理名言，說明忍耐力的重
要。

沒忍耐力的人往往會失去理智和判斷能力，就像故事中的皮球，遇到熱水就爆炸崩潰。歷史上因缺乏忍耐力而不堪一擊的人不勝枚舉。

讀過《三國演義》的人，對「諸葛亮三氣周瑜」肯定記憶深刻。

第一次，孔明智激周瑜，讓東吳先去打南郡，結果周瑜中了毒箭，自己又強忍傷勢，用計誆出南郡守軍，把曹仁殺得大敗。但是孔明卻派趙雲趁曹軍出城時攻取了南郡。得了南郡，遂用兵符，星夜詐調荊州守城軍馬來救，卻派張飛襲了荊州；又差人用兵符，到襄陽詐稱曹仁求救，誘夏侯引兵出城，卻派關羽襲取了襄陽。周瑜忍耐不住內心的惱火，氣得金瘡崩裂。

第二次，周瑜向孫權獻計，以替孫小妹招婚的名義誆劉備到江東殺掉。結果劉備根據孔明的錦囊妙計成功娶了孫夫人，安全返回荊州。在江上，孔明讓荊州軍對追來的周瑜大喊：「周郎妙計安天下，賠了夫人又折兵。」周瑜又壓制不住內心的怒氣，結果箭創復發，昏倒在地。

第三次，周瑜想用「假途滅虢」之計，卻被孔明識破，結果周瑜氣倒在地，給孫權上了一封奏疏，推薦魯肅接任自己，大呼三聲「既生瑜，何生亮！」尚未回到柴桑，在巴丘就掛了。試

想，若才華橫溢的周瑜能胸懷寬廣，不因諸葛亮的羞辱而惱羞成怒，又怎會被氣得身亡呢？

人生無坦途，面對不如意的事應學會忍耐，忍得住的人有豁達的胸懷，胸納百川，處事泰然，遇到不順心的事能坦然面對。

自己陣腳不亂，誰又能擊敗你呢？

每一次忍讓，都是一種造就

忍是高深的處世之道。小忍可以避免爭端，大忍能大事化
小，事事通達，並修身養性。

忍讓是為人處事的態度，其意為忍辱負重、退讓他人，亦是一種風度。

一對人人稱羨的恩愛夫妻，一起走過了五十個春秋，感情依舊。五十年的時光竟不能讓他們的愛情有一絲褪色。

有人問：「五十年的相隨歲月，如何走過來？」

她答一個字：「忍。」

問他，他答一個字：「讓。」

五十年的時間畢竟不是一朝一夕。她說，凡事多為他想想，不就沒怨氣發了？他說，很簡單呀，讓她去做她喜歡的事，總得給她自己的天空。

每一次忍讓，都是一種造就。關於忍讓的名言多不勝數，一切都表明，忍讓是種智慧、修養、風度和美德。

人生在世，百忍為上。居家要忍，謀生要忍，做官要忍。小忍可以避免爭端，大忍能大事化小、事事通達，並修身養性。

唐代宰相婁師德的弟弟要去代州都督府上任，臨行前，婁師德對弟弟說：「我沒多少才能卻位居宰相，如今你又得州官，我們家定會引起別人的嫉恨。該如何是好？」弟弟回答：「今後若有人往我臉上啐唾沫，我不說什麼，自己擦了就是。」婁師德說：「這正是我擔心之處。那人啐你是因憤怒，你把它擦掉了，就是抵擋那人怒氣的發洩。唾沫不擦自己也會乾，倒不如笑著接受。」

藺相如面對廉頗步步緊逼的行為，忍了。因他明白國家正處危急時刻，若在這時起內訌，將會導致覆滅。他決然放棄個人得失，保全國家利益，也留下了「將相和」的美譽。

生活中常見某些人不懂忍讓，因而爭吵、打架，甚至流血衝突。有時僅是因你在工作場合踩了我的腳或一句話說得不當、在捷運搶座位、在公車上被推擠，都可能引爆口舌大戰或拳腳演練。

在此且聽聽兩位高僧頗具深意的對話。

寒山問拾得：「世間有謗我、欺我、辱我、笑我、輕我、賤我、惡我、騙我，如何處之？」

拾得笑曰：「只要忍他、讓他、由他、避他、耐他、敬他、不要理他，再過幾年你且看他。」

此言真妙！忍是寬廣博大的胸懷，是包容一切的氣概；忍是美德，想成就一番大事業，就必須吃常人不能吃之苦，忍常人不能忍之忍；忍是策略，為了成就大事，在小事上忍耐，能屈能伸，才有遠見、智慧和耐性。忍是心上一把刀，能忍則消災避禍、心平氣和，立於不敗之地。

古今中外，因為能忍而成大事的例子不勝枚舉。

康熙是清世祖的第三子，八歲登基，但大權卻落入鰲拜之手。鰲拜專權擅政，不把年幼的康熙放在眼裡。康熙強忍怒火、等待時機。平時裝著貪於玩耍、不問朝政，掩人耳目學習摔跤，實則親兵習武。鰲拜稱病不上朝，康熙親自登門慰問，目的是穩住對手，同時察看真情、探聽虛實。經過數年準備，康熙覺得扳倒鰲拜的時機已成熟，便把鰲拜誘進宮中，將鰲拜及其爪牙一網打盡。此時康熙才十六歲。康熙的勝利是因小小年紀便

懂得忍讓、磨礪意志，最終使他成為「運籌帷幄之中，決勝千里之外」的傑出政治家。

適度的忍讓對保持愉快心情大有好處。每一次忍讓，都是一種造就，是幸福人生不可或缺的素養。

知退讓，懂屈伸

人與人之間互相依存，人際關係的和諧離不開妥協，若不懂屈伸，遇到分歧就失去理智和風度，只會讓人際關係愈來愈差，人生路越趨坎坷。

大家都知道喜鵲有一手築巢的絕活，築的巢堅實、溫暖又漂亮。

在一個狂風呼嘯的冬日，喜鵲的巢被暴風吹落在地，摔壞了。好心的麻雀邀喜鵲一家住在農夫的草垛裡，可喜鵲毫不領情，嫌草垛醜陋、骯髒。最後，喜鵲被凍死在寒風中。喜鵲的悲劇令人深思。人不可能永遠順利，在逆境中要學會「能屈能伸」，這也是成功的要素。

不懂屈伸的人太固執，認為怎能在困難和挫折面前彎下尊貴的腰呢？在困境面前不低頭沒錯。不過若總固執己見，即使遇到容易解決的問題，對你而言都會比登天還難。結果你保住了尊嚴，卻撞得鮮血直流。只有能屈能伸的人，才稱得上是大丈夫。

一些初入社會的年輕人，每當和同事或朋友發生分歧，決裂時惡狠狠地說：「從今以後一刀兩斷，你走你的陽關道，我過我的獨木橋。」這是非常幼稚又衝動的行為，從社會學的角度看，人與人之間互相依存，人際關係的和諧離不開妥協，若不懂屈伸，遇到分歧就失去理智和風度，只會讓人際關係愈來愈差，人生路愈趨坎坷。

清代中期有個「六尺巷」的故事。據說當朝宰相張英與一位姓葉的待郎都是安徽桐城人，兩家毗臨而居，都要起房造屋，為了爭地皮發生爭執。張老夫人便修書北京，要張英出面干預。這位宰相到底見識不凡，立刻作詩勸導老夫人，「千里家書只為牆，讓他三尺又何妨？萬里長城今猶在，不見當年秦始皇。」張母見書明理，立即把牆主動退後三尺；葉家見此情景，深感慚愧，也馬上把牆讓後三尺。如此，張葉兩家的院牆間，就形成了六尺寬的巷道，成了有名的「六尺巷」。這故事體現了一種胸懷，為人處世的智慧——懂得屈伸。若不懂屈伸，兩家最後只能愈來愈僵，誰都過不了好日子。

《史記》有句話，「非大賢人，不知退讓。」范仲淹說：「貴退讓而黜驕盈，得天道益謙之義。」這其中的「讓」就是「屈」的意思。

懂屈伸能使生活變得豐富有趣，但很多人做不到豁達，總覺得

自己曾輝煌、成功，要他們「屈下身子」難上加難。有句古語，「好漢不提當年勇。」一個總留戀當年「勇」的人，自然不會有更大的作為。一個總留戀過去輝煌的人，在面對困難時只會愈來愈悲觀、怨天尤人。本來心情就低落，一味地抱怨無疑是雪上加霜。有些人可能曾飛黃騰達，對於看似卑微的事總心懷偏見，認為做這些事會被別人看不起，又怎能學會「屈伸」呢？

面對逆境時，若能屈能伸，就可順利通過困境之門，原本如大山般的困難也會變得一馬平川。因此想讓人生路順暢通達，就得能屈能伸，坦然接受現實，不悲觀抱怨。抱怨只會讓內心更痛苦，生活更糟糕。

Chapter 08

把握內心，別讓它改變了你的節奏

當氣急敗壞時，就會變得醜陋、不堪一擊。絕對不要
逞口舌之快或一時之勇，而做出後悔莫及的事。

控制情緒就能把握人生

控制並不是一味壓抑真實情緒，因壓制會引起負面積累，
爆發的後果更不堪設想。而應像林肯那樣，對它進行有效
管理，採取不傷害人的辦法疏導情緒。

人不可能沒有情緒，就如同人不會沒有影子一樣。但情緒伴隨
人，並不像影子那樣默默地跟著，情緒會影響精神狀態。情緒
積極時，行為也積極；情緒消極時，行為也消極。若控制不了
情緒，它就會讓你的行為失控。例如最有耐心的老師，在遇到
特別不順心的事時，可能會變得煩躁，對學生不耐煩。一個本
來愛說笑、善於交際的人，若被巨大的悲痛、憂傷所壓抑，也
會變得鬱鬱寡歡。至於冷漠、嫉妒、自大、自卑等不良情緒，
都會影響人們的交往，讓人生失控。而一旦學會控制自己的情
緒，就能帶來積極的影響。

在一次美國大學的橄欖球賽上，夏威夷大學與懷俄明大學對
抗。到中場時，夏大隊落後，比分為零比二十二，幾乎潰不成
軍。球員進入休息室後很沮喪。

夏威夷大學隊的教練狄克，看著隊員們垂頭喪氣的樣子，心

想，除非調整頹喪的情緒，否則比賽很可能失敗。這時，教練拿出一張海報，上面貼滿了多年來搜集的剪報，每一篇都是從落後到扭轉敗局、最後贏得勝利的故事。教練決定一點一滴幫助他們重建信心，相信必能扭轉頹喪情緒，煥發鬥志。隊員們下半場不再沮喪，個個猶如猛虎下山，掌握進攻主動權，讓懷俄明大學隊一分未得，終場以二十七比二十二獲勝。

生活在瞬息萬變的社會中，我們的情緒也如變化萬千的氣候，當情緒處於進取狀態時，自信、快樂、興奮讓你的能力源源不斷地湧進；當情緒處於低落時，沮喪、恐懼、悲傷、煩躁使你渾身無力。生活中有許多因控制不好情緒而留下遺憾的人。他們有的是因工作稍微不如意，與上級頂撞後丟掉飯碗，有的是因無法走出失戀的消沉而自甘墮落，還有的是因情緒無常而受到同事冷遇。

情緒失控已成為工作和生活中的隱形殺手。很少有人能主動控制情緒，大部分的人都是讓情緒控制自己。若能隨意進入生龍活虎的狀態——樂觀、自信、興奮、充滿活力，那該多好啊！控制情緒也就控制了局勢，就能把握人生。

某天，美國前陸軍部長斯坦頓到林肯那裡，氣呼呼說，一位少將用侮辱的話指責他偏袒某些人，林肯建議斯坦頓寫封內容尖刻的信回敬那傢伙。斯坦頓立刻寫了措辭強烈的信，拿給總統

看。林肯高聲叫好，「對了，對了！就是要這樣，好好訓他一頓。」但當斯坦頓把信疊好裝進信封時，林肯卻叫住他，「你要做什麼？」斯坦頓有些摸不著頭緒，說：「寄出去呀。」林肯大聲說：「不要胡鬧了！這封信不能寄，快把它扔進火爐，凡在生氣時寫的信，我都是這麼處理。寫這封信時你氣已經消了，現在感覺好多了吧？那麼，就請你把它燒掉，再寫第二封信吧。」

有情緒存在很正常，控制並不是一味壓抑真實情緒，因壓制會引起負面積累，爆發的後果更不堪設想。而應像林肯那樣對它進行有效管理，採取不傷害人的辦法疏導情緒。每個人對情緒的操控能力不同，但若平時加以訓練，良好的情緒控制力是可以慢慢培養的。

英國偉大的政治家約翰‧密爾頓說：「若人能控制自己的激情、欲望和恐懼，那他就勝過國王。」因此，只有能控制情緒的人，才能掌握未來。

為了身體，也應該讓自己靜下來

壞情緒不僅影響心情，還影響身體。經常生氣的人，會在身體上留下不同痕跡。從外表看，脾氣火爆、經常處於發怒狀態的人，多數會禿頭，嚴重的會使頭頂變尖……

人們常說：「人要活得棒，全靠精神扛。」從醫學角度看來，這些話不無道理。若經常情緒不佳，不只心情煩躁，連身體也會受到傷害。專家曾做過一項實驗，證明壞情緒對人體有害。

把一隻猴子放在籠子裡，將其雙腳綁在銅條上，然後通電。通電後猴子很痛苦，但下肢被綁住了，跑不掉。牠掙扎，上肢亂抓，但都不管用。旁邊有個是電源開關，偶然經過幾次拉動，牠知道一拉開關就不痛苦了，於是建立了條件反射。

在此基礎上，再給這隻猴子建立二級條件反射。

在牠前方設置一盞紅燈，紅燈原是中性刺激，無利無害，可是把紅燈和電擊結合起來就有意義了。紅燈亮後過幾秒，電來了，猴子就伸手拉開關。用不了幾次，猴子就知道紅燈一亮，拉開關就能避免痛苦。所以只要亮紅燈，還不等通電，牠就拉

開關了。這是二級條件反射。

上述條件反射建立後，預備工作就算完成，開始正式實驗。

科學家在牠旁邊再放一隻猴子，每天將兩隻猴子放在同一個籠子六小時。第一隻猴子一進到籠子就保持高度專注，聚精會神地盯著紅燈，不敢有絲毫懈怠，紅燈一亮就趕快拉開關。但紅燈不停地亮，第一隻猴子非常緊張，顯得焦慮。而旁邊那隻猴子因沒有這樣的經歷，所以不知道紅燈的涵義，只覺得好玩，在那裡看熱鬧，無所事事。這個實驗只做了二十幾天，第一隻猴子就死掉了。

這兩隻猴子一隻是實驗組，另一隻是對照組。它們都是經過精心挑選、嚴格匹配，品種、年齡、性別、身高、體重完全相同。而且在實驗前都做了嚴格檢查，證明兩隻猴子完全健康，牠們在籠子外的生活條件也一樣。那究竟是什麼原因導致第一隻猴子的死亡呢？

科學家發現，牠死於嚴重的消化道潰瘍。但在實驗前，牠沒有任何疾病，也就是說，潰瘍疾病是在這短短的二十幾天內得到的。那為何這隻猴子得了潰瘍，而另一隻猴子卻沒有？其他條件完全一樣，唯一不同的是，每天在籠內的六小時，第一隻猴子要工作，牠的責任重、壓力大、精神緊張，總擔心受怕，導

致消化液和內分泌功能紊亂，所以就得了潰瘍。

這是一個很有名的心理學實驗。也就是說，人們生病不只是因生物學因素導致的，心理因素、社會因素同樣會使人生病。壞情緒不僅影響心情，還影響身體。經常生氣的人會在身體上留下不同痕跡。從外表看，脾氣火爆、經常處於發怒狀態的人，多數會禿頭，嚴重的會使頭頂變尖；程度輕微的，則會在額頭兩側形成雙尖的 M 形微禿，且愛生氣的人容易長色斑，腦細胞衰老速度明顯較快。

受壞情緒困擾的人容易心肌梗塞、腦中風或心絞痛。某個權威調查統計，擁有好情緒的人，約有百分之六十七會在早晨以愉快的心情起床；壞情緒的人只有百分之三十三能做到這點。

生活中常有些人因一件小事、一次意外的打擊而火冒三丈，煩躁焦慮，究其原因，就是人的情緒「受了重傷」。世界衛生組織的專家指出，「健康是身體上、精神上和社會上安全、安靜的狀態。」而安全安靜的內涵，就是要有平衡和諧的心理狀態，也就好情緒！

脾氣來了，福氣沒了

沒有人會看重情緒失控的人，情緒失控代表不穩定。一個
胸有成竹的人，向來都是從容不迫的⋯⋯

生活中難免有不如意的事，但在不順利的境況下，能做到不失
控是種生活智慧。而那些容易情緒失控、動不動就發怒的人，
常會做出不理智的舉動。

若你是老闆，會重用這種人嗎？我想大部分的老闆應該都不
會。容易失控的人給人不可靠、不成熟的感覺，沒人會看重情
緒失控的人。

下面這個職場故事很有深意。

李強在一家媒體廣告公司擔任客戶經理已四年，「耿直」的性
格加上公司內部的因素，自認業務能力優秀的他，始終沒獲得
升遷。憤懣之餘，他決心「跳槽」。適逢一家大型傳媒公司在
尋找客戶總監，和對方 HR 反覆「過招」後，對方對他的客戶
資源和背景頗感興趣，只差一次面試便可定「乾坤」。

面試當日，李強的鬧鐘居然沒響，趕到公車站時車已開走了。為了按時赴約，李強不得不攔計程車橫越整座城市。當他狼狽地抵達時，距約定的時間只剩幾分鐘了。他急急忙忙一腳踏進電梯，此時超重鈴居然響了，門內一片沉默。門重新闔上，接著又開了……

李強看了看手表，嘆口氣，正準備抬腳出去時，一個穿套裝的女人卻匆匆走進電梯，無意間踩到了他的鞋子。這時，還沒等她道歉，李強居然失控地大喊了起來。心裡原本就著急的他，這下把內心的氣全出在這位女士身上。情緒平靜後，李強帶著幾分餘怒和懊悔進入會議室，幾分鐘後門開了，想不到的是，站在門口的，就是剛剛那位女士。面試結果昭然若揭，李強沒被聘用，沒有公司會看重一個情緒不穩的人。

從上面的事例不難看出，憤怒是破壞性最強的情緒，它會阻礙你的視野，讓別人對你產生差勁的印象。試想，一個成熟穩重、睿智冷靜的人，和一個氣急敗壞、怒氣沖天的人，誰更容易受到信賴？答案很簡單，情緒失控給人的感覺像「瘋子」，說明這個人不可靠，它是不成熟的表現，人一輩子犯的錯誤，有百分之八十是因控制不住自己而發生的。情緒失去控制就像高速行駛的汽車煞車失靈般，這是多麼危險的一件事啊！

當氣急敗壞時，就會變得醜陋、不堪一擊。狹路相逢勇者勝，

勇者相逢智者勝，人的才智必須在冷靜的狀態下才能發揮。
「上帝要讓一個人瘋狂，一定會先奪走他的理智。」說的就是這
道理。沒有人會看重情緒失控的人，情緒失控代表不穩定。一
個胸有成竹的人，向來都是從容不迫，只有做事無計畫、不會
看臉色的人，才會動不動就和人槓上。聰明人能控制自己，在
適當的時機說出漂亮的話；也要在必要的時候，及時打住一句
不該說的話。

要記得，脾氣來了，福氣就沒了。當碰到棘手問題時，必須先
冷靜，切忌衝動行事，絕對不要逞口舌之快或一時之勇，而做
出後悔莫及的事。

你無法改變天氣，但可以改變心情

既然有挫折、有煩惱，就會有消極的情緒。心理成熟的人
並不是沒有負面情緒，而是善於調節和自我控制的人。

有的人很豁達、很幸福，有的人很糾結、很痛苦，大多在於各
自的心態。我們都會受到環境影響，比如若天氣陰暗，心情往
往會比較沉重，變得煩躁易怒。若天氣晴空萬里，我們也會感
到心曠神怡，快樂得想放聲歌唱。

但若我們任由天氣牽著鼻子走，那就不太明智了。雖我們不能
改變天氣，但可以改變心情，忍得住的人就不會被情緒左右人
生。

據權威機構調查，百分之七十以上的人承認，他們在辦公室曾
有憤怒、焦慮、哭泣、哽咽等情況。有的人因工作稍不如意而
頂撞上司，丟掉飯碗；有的人因沒辦法控制失戀的消沉，自甘
墮落；有的人因心情變化無常，而受同事冷遇……

學會控制心情，才能讓心靈安靜、閒適。

從前有個老婆婆，每天都對著天空發呆，無論是晴天或雨天，她臉上都沒一絲笑容，總寫滿憂愁和煩惱。為何老婆婆無論晴雨都如此憂愁呢？

原來，老婆婆有兩個做生意的女兒，大女兒賣傘，二女兒賣鞋。每到下雨天，老婆婆就擔心二女兒生意不好；每到晴天，她又擔心大女兒生意不好。

她終日憂心忡忡、糾結無比。有一天，她遇到了一位鄰居，並向鄰居述說了自己的煩惱。她的鄰居說：「妳何不換個角度看問題？妳想，晴天是不是能替二女兒創造機會，生意興隆了；雨天是不是又能替大女兒創造機會，財源廣進了。這不是兩全其美的想法嗎？」

老婆婆想了想，確實如此！從此，她換了另一種心情看待晴雨，煩惱就此煙消雲散。由此可見，改變了心情，一切都會豁然開朗。

人之所以被外界影響，時常煩惱、壓力或心情不佳，在於有過多的執著，把外在事物看得太重，或名或利或結果。放下，便自在，學會放下，心情就會自然、平和。

不要執著結果，用心體驗過程，從中獲得享受與感悟。當然，

放下並不是放棄或置之不理，只是使自己懷著平和的心態，積極面對，尋找正確的解決之道，而不是逃避和抱怨。

總之，就從改變自己開始，讓心靈收穫閒適、寧靜。既然有挫折、煩惱，就會有心情不佳的時候，成熟的人不是沒煩躁的心情，而是善於調節和控制情緒。

人生難得，保持一顆平常心

缺乏約束的心靈是空虛的、游離的，如同失去家園的靈
魂、失去根的大樹、失去源頭的大江，只能墮落、枯萎、
乾涸……

生活中有太多誘惑，金錢、美色、美食、榮譽、地位等，無處
不在。權重的地位是誘惑，利多的職業是誘惑，光環般的榮譽
是誘惑，歡暢的娛樂是誘惑，甚至漂亮的時裝、可口的佳餚都
是誘惑。面對這些誘惑，若不能保持平常心，生活注定無法順
利，內心得不到平靜。

這兩則禪理故事，就說明了這道理。

老和尚與小和尚下山化緣，遇一奇人，賣菜不用秤，徒手抓
取即是正確重量，眾人圍觀叫好。老和尚對小和尚說：「我去
買，他肯定出錯。」小和尚不信。老和尚上前對賣菜人說：「我
買一斤，你若抓對，付十倍價錢。」賣菜人想了半天，抓了把
菜放在秤上，果然出錯。誘惑亂心，面對誘惑要有平常心。

一個年輕人問老者：「怎樣才能成功地攀登到夢想的山巔？」

老者微笑，從地上撿起一張紙，摺了艘小船放進小河。小船不喧嘩、不急不躁，藉著水流緩緩駛向遠方。途中鮮花向它搔首弄姿，它也不為所動，默默前行。

老者說：「人的一生誘惑太多，金錢、美色、地位、名譽……選定了奮鬥目標，途中因私謀金錢而駐足、因貪戀美色而沉淪、因攫取地位而毀滅、因渴求名譽而浮躁，故難以像小船一樣，不為誘惑所動，朝既定目標默默前行。這就是有些人做事半途而廢的原因。」年輕人恍然大悟，收拾行囊，迎著風，向山頂爬去。這位年輕人追夢的過程中，果真遇到金錢、美色、權勢等誘惑，但他不為所動，終於爬上山頂，成功實現夢想。

我們既然無法掙脫紛雜喧囂、物欲橫流的社會，就必須擁有一顆平常心，才能抵制誘惑。

一位資深記者曾採訪知名舞團的首席芭蕾女伶。當記者問到「您最喜歡的食物是什麼？」，這位曼妙動人的舞蹈家興奮地回答：「冰淇淋啊！」記者對這個答案感到相當驚奇，因冰淇淋的熱量不低，吃多了會讓體重增加，這對舞者來說是致命的打擊。於是這位記者又追問：「那您隔多久會盡情享用一次呢？」她的回答是「我至少有十八年沒嘗過那美妙的滋味了！」。

偉大的人物知道什麼對自己最重要、什麼是該捨棄的，就像冰

淇淋，再美味也必須拒絕，但拒絕誘惑和貪念需要勇氣和意志力。缺乏約束的心靈是空虛的、游離的，如同失去家園的靈魂、失去根的大樹、失去源頭的大江，只能墮落、枯萎、乾涸……

人的一生總會經歷許多不可預測的事，但守住最後防線，心存高潔，不背叛靈魂，才是我們應該堅守的。用平常心抵制誘惑，讓自己有餘裕思索、規畫人生，獲得心靈的寧靜。

Chapter 09

浮躁世界的靜心之道

反省讓我們清醒地認識自我，安靜的心靈讓我們能看
清事物，察覺到自己所設下的限制及盲點。

浮躁是人生的大敵

如何讓身心處於寧靜祥和的狀態，最好的答案是從容。從
容是對浮躁的徹底否定，是超然的智慧，更是一劑良方。

印光大師曾說過一句很有智慧的話，「最好的心境，是靜心和
沉穩。」

水面靜，才能映出月亮，靜心才能接收外界良好的資訊，生成
良好的心態，心態決定人生的成敗和苦樂。然而生活中，想做
到靜心卻很難。因浮躁伴隨著一生，我們無時無刻都在和浮躁
鬥爭。唯有戰勝它，才能真正主宰自己，因此，浮躁是人生的
大敵。

浮躁是一種焦慮不安的心態。進取心太切，患得患失；虛榮心
太強，戰戰兢兢。說起來誇誇其談、頭頭是道，彷彿滿腹雄才
大略，做起來偏偏手足無措，時刻擔心一著不慎、滿盤皆輸。
以上都是浮躁的根源。浮躁是幸福的大敵，會帶來焦慮不安的
人生。如何讓身心處於寧靜祥和的狀態，最好的答案是從容。
從容是對浮躁的徹底否定、是超然的智慧，更是一劑良方。

「行到水窮處，坐看雲起時。」人生需要安靜的心，淡然的超越、從容和淡定。從容即舒緩、泰然、大度、恬淡之總和。從容是種力量，不是淡漠也非激憤。它能使人站在更高的角度看生活，不被生活愚弄，不被世事糾纏，是種難得的境界和氣度。從容之人，為人處事不急不慢、不躁不亂、不慌不忙、井然有序，面對外界的變化不惱不怒、不驚不懼、不暴不棄。雖遭挫折而不沮喪；雖成功而不狂喜。

境由心生，命運掌握在自己手中。以樂觀積極的態度看待事物，不會有損失。當環境無法改變時，不如改變眼光看它、適應它，從中受益。生活中有太多不可測的因素，若事事計較，情緒難免大喜大悲、起伏不定。

有的人為了職稱，同事明爭暗鬥、爾虞我詐；有的人為了榮譽，朋友鉤心鬥角、唇齒相譏；有的為了蠅頭微利，兄弟刀槍相向、親人反目。有的沽名釣譽、邀功請賞、誹謗誣陷、打擊報復⋯⋯因此，若想擁有平和、積極的心態，最重要的是學會忍，不浮躁地面對生活。

天有不測風雲，人有旦夕禍福。福與禍的轉換，就像風雲變化無常，無論是福至或禍降，只要保持心境平和、淡然處之，福也好禍也罷，又怎能破壞內心的從容呢？

老子說：「禍兮，福之所倚；福兮，禍之所伏。」在災禍裡，未必是不幸，而在幸福中，未必不隱含著禍患。世上福禍參半，而福禍也會相互轉化，若及早認清這點，煩憂之事就不再侵擾身心，更能從容面對生活。古往今來能成就一番事業者，最知道從容做人、處世、思想、行動……從容者不知匆促、慌亂、緊張、驚悚何來，亦不知貪婪、吝嗇、狹隘、妒忌何為，小至蠅頭小利，大到至尊權柄，「非不能爭，不屑於爭」。那些在人生路上歷經坎坷卻仍從容，不斷取得成就的人，讓人心生敬意。

據史書記載，唐朝某個督運官在監督運糧船隊時，不幸遭遇大風翻船，導致糧食缺損，時任巡撫的盧承慶在考核時說：「監運損失糧食，成績中下。」督運官聽到評價，一句話也沒說，從容地笑了笑便退了出來。盧承慶對他的氣度和修養頗為欣賞，就把他叫回來重新評估道：「損失糧食非人為因素，成績中等。」督運官仍沒說什麼慚愧的話，只是笑笑。盧承慶深為其坦蕩的胸懷所感動，最後評價「寵辱不驚，遇事從容，成績中上」。

在浩如煙海的歷史人物中，一個小小的督運官能引起人們的注意，並在唐書中專門為他記上一筆，不為別的，就因「榮辱不驚，遇事從容」的心態和修養。從容就像督運官的平常心，將名利看得很淡，一切順其自然。從容的對立面是急躁，浮躁的

人無法掌控人生，只能成為生活的奴隸，被其左右。

一句詩說得好，「暮色蒼茫看勁松，亂雲飛渡仍從容。」在亂雲飛渡下，勁松的從容令人欽佩。若不想被浮躁俘虜，就要學會從容。只有從容才能造就恬淡的人生，坐懷不亂，在關鍵時刻迸發巨大的能量。

反省是人生的必修課

安靜的心靈讓我們能看清事物，包括應該負起的責任、做
事的方法及擋住自己前進的原因。

生活在錯綜複雜的社會，不論成功或失敗，都需要經常反省自
己，總結經驗教訓，為今後確定方向，不會反省的人永遠無法
進步。

以下有兩則關於反省的故事。

有個婦人多年來不斷抱怨對面的太太很懶惰，「那個女人的衣
服永遠洗不乾淨，晾在院子的衣物總是有斑點，我真的不知
道，她怎麼連衣服都洗不好……」直到有一天，有個明察秋毫
的朋友到她家，才發現不是對面的太太衣服洗不乾淨。細心的
朋友拿了條抹布，把這位婦人窗戶上的污漬抹掉，說：「看，
這不就乾淨了嗎？」原來，是婦人家裡的窗戶髒了。

另一個故事是，有一隻烏鴉打算飛往東方，途中遇到一隻鴿
子，雙方停在樹上休息。鴿子看烏鴉飛得辛苦，關心地問牠要
飛到哪裡。烏鴉憤憤不平地說：「其實我不想離開，可是這個

地方的居民都嫌我的叫聲不好聽，所以想飛到別的地方去。」鴿子好心地告訴烏鴉，「別白費力氣了。若不改變聲音，飛到哪裡都不會受歡迎的。」

從這兩個小故事中，我們讀出了什麼？雖眼睛長在身上，但我們看不見自己，只能看到外在世界。我們不該只看別人的優缺點，而不肯正視自己的得失。有道是「智者千慮，必有一失」，人生不可能盡善盡美，所謂「反省」，就是反過來省察自己，檢討自己的言行，看自己犯下哪些錯誤，有沒有需要改進的地方，而不是整天抱怨別人、抱怨環境。

應時時反省，檢討、惕厲自己。其實，每個人的內心深處，多少都隱藏了一些不易察覺的弱點，這種弱點使我們深陷危險的境地。譬如生活漫無目標，整日無所事事，只會嫉妒別人的能力，自怨自艾為何好運不到……若我們不知反省，就會把自己一步步推向災難。美國總統富蘭克林每晚都反省，他說自己犯過十三項嚴重的錯誤，其中三項是浪費時間、關心瑣事及與人爭論。睿智的富蘭克林知道，若不改正這些缺點，無法成就大業，所以他訂立目標，一週改進一個缺點，並每天記錄。整整兩年，他持續與自己的缺點奮戰，難怪富蘭克林會成為受人愛戴、極具影響力的人物。

人若失去反省能力，就看不見自己的問題，更不能自救。反省

讓我們清醒地認識自我，安靜的心靈讓我們能看清事物，包括應該負起的責任、做事的方法及擋住自己前進的原因。它能讓我們察覺到自己所設下的限制及盲點，身處嘈雜的世界，往往會被表面現象所迷惑，必須時刻保持清醒，停止無用的抱怨，靜下心不斷反省，讓內心達到平和、愉悅的狀態。

別著急，慢慢來，屬於你的歲月都會給你

成功從來不是一條直線。成功就像登山，只有不怕挫折、
磨難，才有希望到達山頂！

一次著名企業家座談會上，有位年輕人向企業家提出了一個問
題，「您能不能指示年輕人一條成功的直線，讓我們在成功的
路上少走彎路？」企業家語重心長地回答：「不能！成功從來
不是一條直線。成功就像登山，只有不怕挫折、磨難，才有希
望到達山頂！」

誰沒有起起落落的時候呢？愈是遭遇挫折，就愈該打起精神面
對，若氣急敗壞、沮喪不前，又怎能成功呢？俗話說得好，
「黯然神傷時，所遇盡是禍；心情開朗時，遍地都是寶。」成功
沒有直線，只有了解這個道理，並保持積極進取的心態，才能
擁有成功的人生。

美國有位窮困潦倒的年輕人，即使身上全部的錢加起來，都不
夠買件像樣的西裝時，仍全心全意地堅持著夢想，他想當演
員，拍電影。

當時，好萊塢約有五百間電影公司。他依據認真規畫的路線與排好的名單順序，帶著自己量身訂做的劇本前去拜訪，但這五百間電影公司，沒有一家願意聘用他。面對百分之百的拒絕，這位年輕人沒有灰心，從最後一間電影公司出來後，又從第一間開始，繼續第二輪拜訪與自我推薦。在第二輪的拜訪中，他仍被這五百間公司拒絕，第三輪拜訪的結果也一樣。

這位年輕人咬牙開始第四輪拜訪，當拜訪完第三百四十九間後，第三百五十間電影公司的老闆，破天荒答應先留下劇本看一看。幾天後，年輕人接獲通知，請他前去詳細商談。就在這次商談中，這家公司決定投資開拍這部電影，並請年輕人擔任男主角。這部電影名叫《洛基》，年輕人的名字就叫史特龍。翻開電影史，《洛基》與這位紅遍全球的巨星皆榜上有名。史特龍先後碰壁一千多次，但沒打退堂鼓，繼續堅持不懈，他的事例再次證明了「失敗乃成功之母」。

成功者和失敗者最重要的區別是，失敗者總是把挫折當成失敗，深深打擊他爭取勝利的勇氣；成功者則是從不言敗，於一次次的挫折面前說：「我不是失敗，而是還沒成功。」在關鍵時刻忍得住，不垂頭喪氣，才是最重要的。

成功沒有直線，必須忍得住磨難和考驗，以良好的心態在人生路上堅定前行。

自尋煩惱的人，不可能有平靜的日子

> 很多人之所以愛抱怨，喜歡自尋煩惱，就是因他們只看
> 到不好的一面，有時甚至還沒弄清楚，就往最壞的方向
> 想……

開車通過路口時，正好遇到紅燈，你會怎麼想？是抱怨「都是前面那輛車開太慢，只差幾秒，我就可以過去了」，還是想「太好了，等綠燈亮了，我就能第一個通過路口，後面的車都得跟著我」。

生活中的焦慮、煩躁和壞心情，有時並不是遇到了多大的困難，往往是自尋煩惱，才讓心情無法平靜。想擁有積極快樂的心態，首先就要學會凡事往好處想。事情都有好壞兩面，尤其當反射到我們心裡時，因夾雜了主觀的因素，使心中的「好壞」偏離了原本的真實。是以懂得樂觀面對人生的人，從不會自尋煩惱。

很多人之所以愛抱怨、喜歡自尋煩惱，就是因他們只看到不好的一面，有時甚至還沒弄清楚，就往最壞的方向想，結果愈想愈傷心，終於讓自己崩潰。

有對熱愛旅遊探險的夫妻，來到人跡罕至的山上。兩人走累了，便坐在路邊休息。突然，女人覺得腳部刺痛，低頭看了看腳，發現腳背上有個紅點，慢慢地，紅點處起了腫包。她突然想起，來這裡探險前，曾研究過這座山，山上有種劇毒眼鏡蛇，一旦被咬中，性命就危在旦夕。

想到這裡，女人感覺更加疼痛了，彷彿傳遍身上每根神經。她肯定自己一定是被毒蛇咬了，幸虧身旁還有男人能幫自己，她想，一定要立刻下山，否則可能會送命。男人仔細查看她腳上的腫包，認為不是毒蛇咬的，沒必要馬上下山。她聽完後怒氣沖沖地向他大吼，認為男人不關心自己，翻舊帳哭訴他以前的種種不是，愈說愈氣，她想，男人肯定是心裡有了別人，才會不管自己的死活。既然如此，活著還有什麼意義。她轉身走向路邊，準備跳下懸崖，了結此生。男人嚇得急忙背她下山，到了山下的醫院，醫生檢查後發現，她腳上的膿包只不過是被黃蜂蟄了一下，根本不是毒蛇咬的。女人這才知道，自己要死要活地大鬧，不過是虛驚一場。

這個故事的重點在於，很多時候我們不是被對手打敗，而是被自己打敗。因一個人若總是往壞處想，內心難免受到波動，就會引來壞心情占據。可事實上，很多事並不是如想像般糟糕。若已認知到自己看問題的眼光不好，還是有辦法改變的。最簡單的方法是，一旦有悲觀的念頭，隨即強迫自己想些高興的

事。剛開始實行時，悲觀的想法仍頻繁造訪，一段時間後，頻率慢慢變小，人就會變得樂觀。每件事都有正反兩面，就像人在不同場合會有不同表現一樣，不自尋煩惱無疑是自我調節的良方。

面對生活，需要一顆樂觀的心

成功人士的首要標誌在於心態。若心態積極，樂觀面對人生，勇於接受挑戰和應付麻煩事，那他就成功了一半。

樂觀是最積極的性格之一，就是無論在什麼情況下，都能保持良好的心態，也相信壞事總會過去、陽光會再度降臨的心境。從小到大，人無疑會經歷順境與逆境、快樂與悲傷、理想與現實等，一切都會表現在心情上。人若想過得開心，關鍵是心態，就看你如何面對每天發生的一切。

有個叫塞爾瑪的女人，她陪丈夫駐紮在沙漠的陸軍基地。她常獨自留在小屋裡，天氣炎熱，沒人聊天，且當地居民也不懂英語。她非常難過，於是寫信給父親，說要拋開一切回家去。她父親的回信只有兩行，卻完全改變了她的生活：兩個人從牢房的鐵窗望出去，一個看到泥土，另一個卻看到了星星。

塞爾瑪反覆閱讀這封信，感到非常慚愧，決定在沙漠中尋找星星。於是開始和當地人交朋友。他們的反應讓塞爾瑪非常驚奇，她對他們的紡織、陶器深感興趣，他們就把最喜歡但捨不得賣的紡織品和陶器送給她。她在那裡研究仙人掌和各種沙漠

植物，觀看日出，研究海螺殼，發現這些海螺殼是十幾萬年前，這裡還是海洋時留下來的……

原本難以忍受的環境，變成了令人興奮、流連忘返的奇景。一念之差，塞爾瑪將原來認為惡劣的情況，變成有意義的冒險，並寫下《快樂的城堡》這本書。她從房間看出去，終於看到了星星。

拿破崙‧希爾說：「一個人是否成功，關鍵在於心態，它決定了人生的成敗。」

不久前，某公司的李先生被解雇了，他突然被「炒魷魚」，老闆未多加解釋，只說公司的政策有變化，現在不再需要他了。更令他難以接受的是，幾個月前，另一家公司想以優厚的條件挖角他，他當時把這件事告訴了老闆，老闆竭力挽留說：「放心，我們更需要你！而且會給你一個更好的前景。」

現在李先生卻落到如此境地，可想而知，他有多痛苦。一種不被需要、被拒絕及不安全感纏繞著他，不時地徘徊、掙扎，一個原本能幹且有生機的年輕人，變得消沉沮喪、憤世嫉俗。在這種心境下，他怎麼可能找到新的工作呢？

就在此時，正是積極的心態發揮了最佳功效，使他重新找回自

己。

有一天，他看到一本講述積極心態的書，於是開始思考，目前這種狀況是否也存在著某些積極因素呢？他不知道。但他發現消極是一蹶不振的主因，必須排除它才能繼續前進。於是他改變思維方式，屏除消極情緒，代之以積極思想，做任何事都充滿激情。從此，他的心態完全改變，因此找到了下一份工作——是他朋友極力推薦他的。

試想，當李先生心中充斥著不滿、怨氣和仇恨時，怎麼可能盡心盡力地找工作？倘若他遇到朋友時，仍怨天尤人、憤憤不平，試想朋友會覺得他是適當人選，而向人大力推薦嗎？所以，李先生後來的轉機一點也不意外，他只不過是及時調整心態、保持樂觀而已。

拿破崙・希爾認為，「成功人士的首要標誌在於心態。若心態積極，樂觀面對人生，勇於接受挑戰和應付麻煩事，那他就成功了一半。」樂觀的人在危機裡看到希望，悲觀的人則看到絕望。遇事多從好的方面思考，時時懷有這種信念。「我可以，我一定可以。」當歷盡艱難，終於獲得勝利時，回頭探望來時路，才發現原來它並不可怕，並非不可征服的。

Chapter 10

要相信，沒有到不了的明天

等待的過程是韜光養晦和休養生息，需要耐得住寂寞與誘惑。等到是非分明時，一切都會順其自然，水到渠成。

善於等待的人，一切都會及時到來

等待絕不是守株待兔、坐以待斃，更不是怨天尤人、無所
事事。鮮花與掌聲屬於有準備的人，它需要在等待的過程
中，審時度勢。

一生中很多時候都需要等待，等待長大，等待朋友的認可，等
待事情成功，等待一切幻想變成現實……事物都有其規律，
想做好一件事，應該具備耐心，否則因不懂得等待，可能做出
「揠苗助長」的白工。

有位年輕人與情人約會，因為來得太早，又缺乏耐心，站在那
裡急躁不安、長吁短嘆。此時，一位老者出現在眼前，「我知
道你為何悶悶不樂。」老者說，「戴上這只表，在你遇到不得不
等待時，只需將時針轉一圈，就能躍過時間。」年輕人笑著接
過老人給的表後，試著將時針轉了一圈，他的情人果然出現在
眼前。他想了想，要是現在就舉行婚禮，那該多好啊！於是又
轉了一圈時針，隆重的婚禮、豐盛的喜宴就在眼前，他與身穿
婚紗的美麗新娘，一同接受親友的祝福。他心中的願望不斷湧
現：豪華的別墅、健康的孩子、昂貴的車……他急不可待，將
時針轉了一圈又一圈，根本來不及考慮後果，生命就這樣從身

邊飛快掠過。最後，他發現自己老了，衰臥病榻，唯一的等待便是死神降臨，於彌留之際才恍然大悟，明白了等待的意義。

成功不是一蹴而就，我們在成功之前必須學會等待。一隻白粉蝶從卵變成蝴蝶，需三十五天左右；蘋果從開花到結果需一百五十天左右。「冰凍三尺，非一日之寒；水滴石穿，非一日之功。」任何事物都有規律，唯有順勢而為才能成功。若耐不住性子，往往「欲速則不達」，若學會等待，一切屬於你的都會及時到來。

南美洲有一種蟒蛇，因為身體實在太大了，所以行動速度不是很快。為了捕食，唯一的辦法就是埋伏在叢林間，等待獵物經過。有時候一天下來沒有獵物經過，甚至一個禮拜都等不到獵物。但它知道，只要繼續等待，一定會有獵物經過。終於，獵物過來了，它便一躍而起，一口把獵物咬住。表面看來，大蟒蛇在那裡一動不動，但事實上，牠時時警覺，即使睡覺都用身體感受著周圍有無獵物走過，牠比任何動物都更清楚等待的重要。

等待絕不是守株待兔、坐以待斃，更不是怨天尤人、無所事事。鮮花與掌聲屬於有準備的人，它需要在等待的過程中審時度勢、保持冷靜、採取措施。學會了等待，我們就不會任意妄為、不會鋌而走險、不會降格以求、不會出賣原則與靈魂。等

待是種尊嚴、信念和原則。真正的等待是福分，使人生更從容、更幸福、更成功。

人生的舞臺上，面對各種機遇與挑戰，我們不僅要當機立斷、積極應對，更要沉著冷靜。等待的過程是韜光養晦和休養生息，需要耐得住寂寞與誘惑，頂得住壓力和嘲諷。默默堅守，靜靜期待，等到是非分明時，一切都會順其自然、水到渠成。

淡看人生，善待生命

看淡人生不是放棄追求，而是以豁達的心態面對生活。看
淡是種胸懷，是成熟的表現，是對自我的自信和把握。

我曾聽過一句很有禪理的話，「心小了，小事就大了；心大
了，大事就小了。」我們每天都要經歷喜怒哀樂，凡事不怕想
不到，就怕看不開。能夠看淡些，生命就多了分釋然。

有次搭公車，看到了一幕好笑的情景。公車到站了，司機打開
車門讓乘客下車。因為乘客特別多，有個男人剛擠到門口準
備下車時，車門突然關了起來。還留在車上的他，大叫著要下
車，還夾雜幾句粗口。車門再次打開，終於下車的他突然轉
身，一臉憤怒，朝車身狠狠捶了幾拳。他的舉動讓車上的人都
笑了起來。

因下車受挫而憤怒，所以氣憤捶車，以求洩恨。然而這幾拳打
在車身上，痛的是誰？銅鐵之身的車會痛嗎？不會，痛的是自
己的手。一點小小的不順就看不開，跟自己較勁，實在不是明
智之舉。

「人生在世，如自處荊棘之中，心不動，人不妄動，不動則不傷；如心動，則人妄動，傷其身，痛其骨。」這段禪語告訴我們，人生如處荊棘叢林中，隨處暗藏危險與誘惑。只要心如止水，行動就能不偏，有效地避開風險、抵制誘惑，否則就會被痛苦吞噬。若無法看淡人生，就會陷入糾結的困境，無法自拔。

美洲黑熊是體型碩大、凶猛異常的動物，一掌能拍死成年野鹿，就連被譽為百獸之王的獅子、老虎，見到牠都要退讓三分。生性強勢的美洲黑熊有個最大特點，就是愛和自己較勁。聰明的科學家就利用這點，用一面鏡子輕易將牠降服。美洲黑熊視力較差，看不清較遠的東西。科學家把鏡子放到美洲黑熊必經之處，利用鏡子的反光，將美洲黑熊的影子投射到樹上。美洲黑熊發現樹上有東西，便不分青紅皂白，氣勢洶洶地撲上去捕食。但哪知道，牠的行為只不過是在和自己較勁罷了。在科學家一次次的戲弄中，美洲黑熊進攻，失敗，再進攻，再失敗，直到精疲力竭，趴在地上無法動彈。

由此可知，人一旦學不會看淡，就像身上長了牛皮癬，不僅飽受痛苦，且很難痊癒。看淡是精神的解脫，促使我們從容地走上選擇的路，既是對自身的愛護，也是對生命的珍惜。閒暇時聽點音樂，放鬆自己；煩躁時做點運動，釋放自己；得意時加點平靜，修練自己；悲傷時來點忘卻，淡化自己……

其實，幸福和快樂可以很簡單。人的苦惱不在於獲得多少、擁有多少，而是想得到更多。細想，生活中的不如意，並不是你的能力不強，是因願望不切實際。任何事都有「度」，超過這個度，就可能變得荒謬。所以我們應時常反省自己，讓內心悠然自得，不要和自己過不去或責備、怨恨自己。因為我們盡力了。

事在人為，莫道萬般皆是命；境由心生，退一步自然寬。看淡人生不是放棄追求，而是以豁達的心態面對生活。看淡是種胸懷，是成熟的表現，是對自我的自信和把握。

最難以抵擋的，莫過於欲望

貪婪是無底洞，一旦任貪欲滋生，人生將會失去控制，墮
入萬丈深淵。因此要學會自制，不斷反省自己。

誰沒有欲望呢？人正因為有欲望，才有前進的動力。漂亮的房
子、奢華的汽車、巨大的權力……都是人類的欲望。但人畢竟
不同於動物，需學會控制，避免貪婪。只有合理地控制欲望，
才會活得幸福。若任由貪婪發展，最後很可能利令智昏，墮入
深淵。

某位朋友說，他的姑婆一生從沒穿過合腳的鞋子，常穿著過大
的鞋子走來走去。晚輩問她，她就回答：「大小鞋的價錢都一
樣，為何不買大的？」每當我轉述這個故事時，總會逗笑一些
人。故事雖好笑，能克制貪欲的人卻少之又少。面對利益誘惑
時，很多人因無法控制貪婪而毀掉大好前程，明知是圈套，卻
抵不住誘惑而落入陷阱。他們不是敗給了聰明，而是敗給了自
己的貪婪。

若無法控制貪婪，就要為之付出慘重的代價。

由於太看重眼前的利益，讓貪婪蒙蔽了雙眼，鑄下大錯，悔恨終生。試想，世界上有多少人為了錢財，夫妻離異，兄弟反目；有多少人為了升官發財，朋友相殘，同事相害；又有多少人為了貪念而鋃鐺入獄呢？

古聖先賢早有「一念貪私，萬劫不復」的告誡。提出做人要以「不貪」兩字為修身之寶；道德品行是做人的必需品，也是一生一世的理念。人一旦動了貪心邪念，良知自然就會泯滅。原本的善良、正氣、剛毅化為烏有，聰穎智慧變成糊塗昏庸，善慈仁愛變成殘酷刻薄，純潔的人格變得污濁，若一意孤行，恐會釀成人生甚至社會的悲劇。

貪婪得來的東西永遠是人生的累贅。貪婪的人常懷私心，輕則喪失生活樂趣，重則誤了身家性命。生活壓力愈來愈大，臉上的笑容愈來愈少，這或許是貪婪的代價。

從前，有位樵夫長年累月地辛勤勞作，卻始終無法改變潦倒的困境。於是每天燒香拜佛，向神明祈求好運降臨。終於有一天，樵夫的誠心打動了佛祖，他居然無意間在山裡挖出一尊百來斤的黃金羅漢，轉眼間，樵夫變得富裕。

可這樵夫只高興了一段時間，便又食不知味、睡不安枕。妻子不明白他為何憂心忡忡，勸了好幾次都沒效果，於是埋怨道：

「以我們現有的家產，就算遇上盜賊，也不可能馬上被偷光的，你又何必如此多慮呢！」

樵夫深深嘆了口氣，道：「妳一個婦道人家，怎能理解我的煩惱呢？怕失竊只是其中一個原因，我最煩惱的是，世上總共有十八尊金羅漢，我卻只挖到其中一尊，其他十七尊仍不知下落。要是全部的金羅漢都歸我所有，那該有多好！」他說完後，苦惱地用雙手抱住了頭。妻子這才明白，原來丈夫在為一個不可能實現的願望發愁。

欲望是無底洞，一旦任貪欲滋生，人生將會失去控制，墮入萬丈深淵。因此要學會自制，不斷反省自己。唯有如此才能從容不迫、遊刃有餘。

用知足抵擋內心的魔鬼

人能否活得幸福快樂，和物質並沒有太大的關係，關鍵在
內心。保持樂觀、知足的心態，就會離幸福更近，快樂一
輩子！

欲望是內心的魔鬼，若想抵擋魔鬼，就該學會知足。知足是一
種心態、是灑脫、是用平常心去面對人生的波瀾、是行雲流水
的境界。知足常樂又是一種智慧，是懂得生活，不會有非分的
追求，不會犯錯。

大多人都是平常人，不能超脫為聖人，於是便被欲望驅使，不
停地奔波。有的希望自己能再多賺一點，有的希望事業更大
些，有的希望加官晉爵……但欲望是無窮的階梯，一旦被它控
制，難免會被一切不順心的事糾纏。正如哲人所說：「對於不
知足的人，沒有一把椅子是舒服的。」若欲望得不到滿足，還
會變得憤世嫉俗，成天活在沮喪懊惱、苦悶抱怨之中。由此可
見，一個人的欲望太大，不懂知足，不僅會影響身心健康，甚
至還會毀了一生。

有個小國的土財主，雖擁有一望無際的田園，卻仍不滿足，總

認為自己再怎麼富有，也比不上國王。後來，竟為此而生病。土財主的妻子看丈夫病得這麼重，日不能食，夜不能寢，心中非常著急。她找遍全國名醫，仍無法治好丈夫的病。

有一天來了位心理醫生，表示能治好他的病，但他卻說：「沒用的，你治不好我的。」醫生滿懷自信地說：「我一定可以治好你的病。你是不是有很多心事呢？把內心的話全告訴我吧！只要你想要的，我一定能幫你得到。」土財主一聽，半信半疑地問：「你真能讓我如願？我希望能再擁有更多土地，變得比國王還富有。」醫生說：「那還不簡單！某地地廣人稀，有僧人宣稱，只要有人願意到西方淨土，想要多少土地就有多少，不必花一毛錢。」土財主聽到這個消息，馬上從床上跳起來，病也好了。

他隨即吩咐妻子，準備換洗衣物，動身前往某地。他到達某地後，順利見到這位僧人，並且提出要求。僧人慈祥地答應他，並問：「你想要多少土地呢？」他心想：「要求多的話，不好意思開口；要求少的話，又枉費跑這麼遠的路，真不知如何開口。」僧人見他低頭不語，已明白他的心意，就說：「明天天一亮，你就開始行走；日落之前，再回到這裡。凡是你走過的土地，我都送給你。」他聽了很高興，天一破曉，就馬上向東疾走。到了中午，已一口氣越過了一座山頭。他抬頭往前看，看到前面那座山更平坦、更美好，連水都來不及喝，又馬上往

前跑；抵達另一座山頭時，太陽已接近偏西。他仍告訴自己，再跑過一座山就好了，不斷鞭策自己往前跑；當他抬頭看天色時，太陽就快下山了，於是非常著急，想到前面還有那麼多美好的土地，但不在日落前回去又不行，只好趕緊掉頭，往回急奔。

當他回到僧人面前時，早已上氣不接下氣，腳一軟就跪了下去。僧人問他：「你跑了多少土地呢？」他說：「還⋯⋯不多！」就這麼頭一低，一口氣接不上來，便斷氣了。僧人看到這個人如此貪心，臨死還不知足，不禁搖搖頭，對弟子說：「好好把他安葬吧。任他再富有，一旦死了，也不過得到一坏黃土罷了。」

人能否活得幸福快樂，和物質並沒有太大的關係，關鍵在內心。一個人能否擁有積極的心態，就要看他能否擺脫欲望的枷鎖，擋住內心的魔鬼。保持樂觀、知足的心態，就會離幸福更近，快樂一輩子！

大氣的人才能成大器

只有氣量大，才能成大器。大氣的人才能容納別人的缺點
和不足，讓別人信任你、尊重你。

一個人無論地位高低、事業大小、身分顯微，其成就的關鍵在
於「大氣」與否。

什麼是大氣？大氣是納百川、懷日月的氣概，一種從容大方、
自然天成的氣量；一種成熟寬厚、寧靜和諧的氣度。具體而
言，就是拿得起、放得下，小事不計較、大事不糊塗。

《呂氏春秋》裡有一則寓言，叫「賓卑聚自殺」。這個故事特
別好笑，但又耐人尋味。有一個武士名叫賓卑聚，某晚夢到一
個強壯的男子，頭戴白色絲綢帽，綴紅色彩繪帽帶，穿大布衣
服，腳踩白鞋，佩黑色劍鞘，向他大聲叱責，並往他臉上唾
沫，他驚慌地醒了過來。其實，這不過是夢而已，但他卻氣到
輾轉難眠。

第二天一早，賓卑聚就和朋友說：「我從小好勝，到今天六十
歲了，還沒受過挫敗和侮辱。昨晚竟如此屈辱，我一定要找出

那個人，若找不到的話，乾脆死了算了。」於是每天清早，他都要朋友陪他站在大馬路上，等夢裡的人出現。但等了三天仍沒找到，回家後，他憤而自殺身亡。因氣量狹小，所以自己害死自己，只能說自取滅亡。

人一生的事業能多大，其實不必忐忑揣測，更不必算命討教，只看自己的器量大小，能否「容天下難容之事」，就大致可知事業規模了。賓卑聚因氣量狹小，付出慘痛的代價。只能說，做人應胸懷寬廣，不必做到宰相肚裡能撐船，至少也要有容人之量。人是社會性群體動物，誰也離不開誰，若心眼太小，就會活得很累。何不拋開那些雞毛蒜皮、不值一提的小事呢？糾纏其中，弄得自己整天頭痛，又是何苦呢？

漢景帝時，袁盎任吳國宰相，從史和他的小妾私通。袁盎知道後，對待這位從史仍和過去一樣，但從史心中有愧，悄悄跑掉了。袁盎聽說後，親自追上去把小妾送給他，讓他繼續當從史。後來吳國和楚國叛亂，原本告老還鄉的袁盎，以太常的身分再出使吳國。吳王想讓他當將軍，袁盎不答應，於是吳王起了殺心，派一名都尉率領五百人包圍他的住所，將他軟禁起來。巧得是，以前那位從史恰好是監守袁盎的校司馬，他半夜將袁盎從床上拉起來，說：「您快逃吧！吳王明早要殺您呢。」袁盎不相信，說：「您是什麼人？」司馬說：「我過去是您的從史，蒙您賞賜侍女的那個人。」袁盎推辭道：「您有家屬，我不

能連累您。」司馬說：「您走了，我也會逃跑，避免我的親人受牽連，您不必擔心。」說完，司馬用刀割破帳篷，領著袁盎跑到安全處後分手。於是，袁盎安全地回到了朝廷。

古人認為，殺父、奪妻乃不共戴天之仇，袁盎卻能屈己從人，替別人留條活路，也等於給自己留下後路。「海納百川，有容乃大」，只有氣量大，才能成大器。大氣的人才能容納別人的缺點和不足，讓別人信任你、尊重你，贏得更多人的支持與友情，人生才會一帆風順。

太敏感的人最喜歡自尋煩惱

群體社會中，難免會評論別人，有時也被別人評論。對於
別人的品頭論足，應該一笑置之，不必耿耿於懷。

一個人能否有所成就，心理素質至關重要。

縱觀成功人士，不難發現他們的內心都很強大。沒有一顆強大
的心，如何在風雲變幻的人生中成功呢？某些人之所以無法成
功，是因內心過於敏感。敏感雖不是缺點，但若太過火，難免
變成牢騷滿腹，覺得所有人都對不起自己，進而陷入壞情緒的
漩渦中，無法自拔。這則寓言就說明了這個道理。

主人餵了隻黑貓，同時又設置捕鼠夾。黑貓心中很不滿，嘰
嘰咕咕地發牢騷，「既然委我以捕鼠重任，為何又設置捕鼠夾
呢。這分明不信任我的捕鼠能力！」主人解釋，「設置捕鼠
夾，是為了讓你更方便工作呀！」「不！」黑貓說，「這是對我
的諷刺。我不願在一個屈辱的環境工作！」

它離開了舊主人，又找了新主人。「歡迎你來這裡工作！」新
主人對牠說，「如此一來，我們的捕鼠力量就壯大了！來，認

識一下你的夥伴。」原來新主人家裡已有了一隻黃貓。黑貓非常失望，認為新主人已經有了一隻貓，就不會再重視牠了，於是決定出走。「既然人人都不重用我，我又何必為他們服務呢？」黑貓決定到野外去當野貓。到了野外，竟發現貓頭鷹和蛇都是捕鼠能手，技術更勝牠一籌。黑貓悲哀極了。「唉，我的捕鼠才能處處受限。在家不被重用，到野外也難以施展抱負，我還有什麼臉活在世上呢？」

若黑貓能不那麼敏感，我想牠會活得很好，也能發揮長處。群體社會中，難免會評論別人，有時也被別人評論。對於別人的品頭論足，應該一笑置之，不必耿耿於懷。敏感不是好的處世方法，有時會給生活帶來負面影響。

有些敏感的人在談到不愉快的經歷時，常大發牢騷：

——我是胖子，每當別人說我胖，我就覺得自己受到傷害，感到極度委屈。比如在百貨公司，若櫃姊用冷淡的口吻對我說「沒有妳要的尺碼」時，我的心情就會盪到谷底。

——我無法接受負面評論。雖然也有不錯的職位，披上了職業女性的外衣，果敢且練達。但在面對別人對我的工作提出批評時，我會花好幾個小時琢磨緣由，無法抽離失落的情緒。

──我的情感過於充沛，敏感神經隨時可能被挑動，周圍發生的一切，都會在心裡留下深刻的痕跡，一則沉重的新聞報導也會讓我沒有食欲。有一天，我目睹了一場車禍，花了好幾個月才逐漸平復。

──朋友說了不中聽的話，我就耿耿於懷。他們的言語愈是在我心裡徘徊，我就愈無法釋懷。若朋友欺騙了我，情況就更糟了，我會一連好幾個星期躲在家裡，治療心靈創傷。我知道，自己應該從沉默裡走出來，重新與朋友交流，否則就不會有機會和朋友一起逛街吃飯了。

──我在辦公室裡特別愛哭，若老闆說了些較嚴厲的話，我就忍不住掉淚。為了不讓我脆弱的神經再受刺激，我改做一些整理文件的簡單工作。但看著一個個好機會從身邊溜走，又開始懷疑當初的決定。

──我們部門的人際關係太複雜了，張三對我有成見，李四說我壞話，王五看我不順眼……每天都有生不完的氣，煩死人了。

這些都是敏感惹的禍，有些人在處世上過分敏感，使人際關係複雜化。心理學研究發現，有些人天生就有敏感個性，比如若別人不高興，他就以為是對自己不滿；人們在說悄悄話，就

覺得一定是在說他壞話；對方咳嗽一聲，他就懷疑是對自己不敬；有人見到他點頭微笑，他感到是別有涵義；有時互相開玩笑的話，這些人也會當真，反覆琢磨半天。

過分敏感的人，在生活中處處設防、時時疑心、多愁善感。這種人活得很累，既要對付那些誇大的矛盾，又要撫慰無中生有的痛苦，勞心傷神。在與人交往的過程中，由於處處設防，便會讓人對他敬而遠之，朋友愈來愈少，人際交往變得不和諧。專家認為，過於敏感的人往往較自卑，每當別人碰到自己的短處，便大發雷霆。

因每個人的修養、個性、閱歷不同，為人處世、表達情感的方法也不一樣，即便別人對待自己的方式有欠妥當，我們也應以寬容之心待之，沒必要過於敏感。大可不必處處以別人的臉色，作為行動的「指南針」，影響自己的情緒甚至支配言行。

適當收起敏感，遇事樂觀些，大度些，不過分拘泥小節，才能保持積極的好心情。

豁達才能讓未來充滿希望

豁達並不是要人不思進取，而是不犯怒、不躁進、不過
度、不強求、不悲觀、不刻板、不慌亂、不忘形。

西方有句諺語，「同一件事，想開了是天堂，想不開是地獄。」
很多人苦惱、鬱悶，陷入痛苦中，是因做不到豁達。有的人因
為失去了曾擁有的東西而心痛無比；有的人因為過去的某個過
錯深深內疚，無法原諒自己。

但空間不能逆轉、時間無法倒流，即使你再後悔、煩惱，都無
法改變發生過的事。無須為打翻的牛奶哭泣，要知道，當為失
去太陽而難過不已時，也會失去夜空的點點繁星。

某個人外出辦事，不小心把雨傘弄丟了。他心急如焚，懊惱不
已，不斷責怪自己，都是自己粗心才會如此，自己什麼事都做
不好，真沒用，並不時思索雨傘到底放哪裡。看到街上有人拿
著相同顏色的傘，就懷疑是不是自己的傘。就這樣，他不知不
覺回到家，坐下之後忽然發現錢包不見了。原來他一直惦記著
掉傘的事，因倉促、惶恐和不安，連錢包也弄丟了。試想，若
在掉傘後能豁達些，不為失去的東西惴惴不安，又怎會因一時

大意再弄丟錢包呢？對發生的事耿耿於懷、反覆思慮，無疑白白浪費自己的精力和時間。

三伏天，禪院的草地枯黃了一大片。「快撒點種子吧！好難看啊！」小和尚說。「等天涼了。」師父揮揮手說：「隨時。」中秋，師父買了包種子，叫小和尚去播種。秋風起，種子邊撒邊飄。「不好了！種子都被吹走了。」小和尚喊著。「沒關係，吹走的多半是空的，撒下去也發不了芽。」師父說：「隨性。」撒完種子，飛來幾隻小鳥啄食。「天啊！種子都被小鳥吃光了。」小和尚急得跺腳。「沒關係！種子多，吃不完。」師父說：「隨遇。」

半夜一陣驟雨，小和尚早晨衝進禪房，「師父，這下真完了！好多種子被雨水沖走了！」「沖到哪兒，就在哪兒發芽。」師父說：「隨緣。」一個星期過去，原本光禿的地面，居然長出許多青翠的草苗；原本一些沒播種的角落，也泛出綠意。小和尚高興得直拍手。師父點頭說：「隨喜。」

這個充滿禪意的小故事告訴我們，豁達即心靈海闊天空，人生順其自然。當然，豁達並不是要人不思進取，而是不犯怒、不躁進、不過度、不強求、不悲觀、不刻板、不慌亂、不忘形。豁達的人生不是玩世不恭，更不是自暴自棄，而是思想的輕裝，目光的超前。真正的豁達能得而不喜、失而不憂。有了

它，我們才不會對生活求全責備，才不會在受挫後徬徨失意，終日鬱鬱寡歡。一個寬容豁達的人，總有讓人難以抗拒的魅力，也更容易擁有成功的人生。

用平和梳理人生

平和的心態決定最後的成敗。衝動是魔鬼，不要動不動就心
浮氣躁，更不要輕易動怒，憤怒是拿別人的錯誤來懲罰自己。

孔子說過「仁者不憂，智者不惑，勇者不懼」。若太在乎得
失，就不會有開闊的心胸、不會有坦然的心境，也不會有真正
的勇敢。拿破崙‧希爾說：「人與人之間的差異其實很小，但
這種小差異卻形成了巨大的差別。」小差異指的是心態，巨大
的差別是指人生結果。只要保持心態平和，用快樂填充平凡的
工作，就會感到生活真好。

曾看過一則關於雜技的故事。

舞臺上，雜技演員正在表演「抖槓」。只見男演員輕身一躍，上
了竹槓，嬌小的女演員也如燕子般飛上竹槓。隨著竹杠的抖動愈
來愈大，兩名演員跳起的高度也令觀眾緊繃。接著，演員開始在
空中翻跟頭，像兩隻蜻蜓飛旋在竹林間。竹槓抖動得愈大，演員
翻的跟頭就愈多。一個、兩個、三個……突然，一個倒翻，女演
員穩穩坐在男演員的肩頭。竹槓再次抖動，猛地一個高聳，兩人
一起翻了個跟頭，完美地躍下竹槓。全場掌聲雷動。

等男演員下來，本以為他該一臉汗水、神情興奮，但他靜若止水。有人疑惑地問他：「臺下掌聲這麼熱烈，你怎麼能如此鎮定？」他坦然地說：「在臺上表演時，我耳中塞著棉花，根本就聽不到掌聲。」見問者不明所以，他笑著一語道破，「若我能聽到掌聲，就會受到干擾，難以正常發揮。師父說過，只有聽不到掌聲，才能贏得掌聲。」

不論做什麼事，都應志存高遠。若想獲得成功，就不要聽到別人的讚許就欣喜若狂，也不要聽到別人的批評而心灰意冷、止步不前。一心一意做好該做的事，才能贏得最終勝利。雜技演員的經歷告訴我們，唯有擁有平和的心態，才能專心於眼前，寵辱不驚，毀譽不計。

若醫生在執行手術時，心態不夠平和的話，難免顧此失彼，以致失敗。同樣的，若團隊遭遇危機時，領導者沒有平和的心態，難免患得患失，無法做出理智的決策。可知平和的心態決定最後的成敗。衝動是魔鬼，不要動不動就心浮氣躁，更不要輕易動怒，憤怒是拿別人的錯誤來懲罰自己。

人的一生會遇到各種不順心或煩惱，請用一顆平和心面對吧，它會讓我們心情輕鬆，不會因不順心影響冷靜和理性，才能遠離人生的陷阱。

不經痛苦的忍耐，怎能有珍珠的璀璨

> 想卓爾不群，就要有鶴立雞群的本事，承受不住忽視和平
> 淡，很難達到輝煌。只有經過常人不能忍受的忍耐，才能
> 讓自己從一粒沙子，變成價值連城的珍珠。

有時，成功者與失敗者的區別，並不是才能和機遇。失敗者不
乏艱苦的勞作和智慧，僅敗在那一點堅持和忍耐上。

據傳，酒神曾向兩個乞求釀造法的人傳授訣竅：精選五月初五
端午之飽滿穀粒，與冰雪初融時清冽之洋調和，注入千萬紫砂
鑄就之陶瓷，再以初夏迎接第一縷陽光之新荷將其蓋緊，緊閉
八十一天，直至雞鳴三遍方可啟封，則酒成矣。兩人歷盡千辛
萬苦，才將所有材料備齊。依酒神吩咐，將材料調和後密封於
陶甕中，專心等待那激動人心的時刻。

等待是如此漫長，就像很多等待成功的年輕人一樣，等待，總
令人難熬。終於熬到了第八十一天。兩人徹夜難眠，等著雞
啼。這時，遠遠傳來了第一聲雞叫。似乎過了很久很久，才依
稀傳來第二遍。究竟何時才能聽到第三遍呢？其中一人按捺不
住，迫不及待地打開了陶甕，但甕裡只是一汪又苦又酸的渾

水。他後悔至極，失望地將酒液潑灑在地。而另一人雖也想知道是否成功，但他下定決心堅持到底。第三遍雞啼終於響徹天空，他打開陶甕，撲鼻而來的酒香是如此甘甜清澈、沁人心脾。

忍耐是成功路上不可或缺的功夫，在同等條件下，有時不是比智慧高低，而是看忍耐力強弱。孔子的「克己復禮」是忍耐，他的思想至今在各個角落散發璀璨的光芒，成為許多國家提倡的哲學。劉邦在取得初步勝利後，「廣積糧、高築牆、緩稱王」是忍耐，終於成就一代帝業。韓信願受胯下之辱是忍耐，最後成就千秋偉業。劉備與曹操青梅煮酒論英雄是忍耐，曹操說天下英雄唯使君與操爾，劉備巧藉聞雷掩飾韜光養晦，日後才有三足鼎立之局面。

善於忍耐的人，把挫折當經驗，韜光養晦，蓄積能量，等待時機再成正果。不善忍耐的人，遇事不順時，拍案而起，拂袖而去，雖是痛快，但失去的是永遠的機會。忍字頭上一把刀，忍耐有痛苦、有煎熬，好似手刃自己的心，需要時間讓傷口慢慢癒合。就像一顆璀璨奪目的珍珠，原本不過是一粒醜陋的沙子，毫不起眼地待在不為人知的角落。直到某天，被沖到大海裡，再被裹進貝殼中，經過漫長的忍耐，終於成為晶瑩、光滑的珍珠。

每顆珍珠原本都是一粒沙，但並不是每一粒沙都能成為珍珠。人若想卓爾不群，就要有鶴立雞群的本事，承受不了忽視和平淡，很難成就輝煌。只有經過常人不能忍受的忍耐，才能讓自己從一粒沙變成價值連城的珍珠。

忍耐是種執著、謀略、意志、修養、信心，更是成熟人性的完善。善忍耐者必然有大智慧、大視野、大胸懷。

Chapter 11

你唯一能把握的，是變成更好的自己

想要戰勝自我並不容易，需要很大的勇氣和堅定的信念。陷入泥潭無法自拔，或者充滿希望地積極生活，一切都取決於能否戰勝自己。

想成功，就要對自己狠心

「狠」表示一種意志，意謂為了完成奮鬥的事業，百折不
撓的堅強決心。生活中對自己狠一點，意謂著一種骨氣及
活著的尊嚴。

在我們身邊不乏有才華、機遇和願景，卻一輩子庸庸碌碌、無
所作為的人。也有些人條件平平，可是活得很精采。仔細觀
察，不難發現他們之間的重要區別是，前者過於放任自己，而
後者則對自己比較「狠」。

什麼是對自己狠？狠是種人生奮鬥的目標。想有所作為就要
對自己狠一點，「狠」表示一種意志，意謂為了完成奮鬥的事
業，百折不撓的堅強決心。生活中對自己狠一點，意謂著一種
骨氣及活著的尊嚴。

說起來，很多成年人在這一點上不及孩子，他們能對別人狠，
卻對自己太嬌慣。讀書堅持不了，做事知難而退，即使是參
加一項運動，都半途而廢，不願持之以恆挑戰一件事，只是隨
心所欲地混日子。若做事缺乏義無反顧的決心，又怎能切斷退
路，逼自己成功呢？人需要為自己製造環境，背水一戰，寧可

碰壁，也不要在家裡面壁。

古希臘有大哲學家蘇格拉底。哲學在當時是很崇高的職業，因此很多年輕人來找蘇格拉底學習。某天來了一個年輕人，想學習哲學。蘇格拉底一言不發，帶他來到河邊，突然用力將他推到河裡。年輕人起先以為蘇格拉底在開玩笑，並不在意。結果，蘇格拉底跳進水裡，拚命地把他往水底按。這下子年輕人真的慌了，求生本能讓他拚盡全力將蘇格拉底推開，爬到岸上。上岸後，他憤怒地責問蘇格拉底為何要這樣做。蘇格拉底回答，「我只想告訴你，做任何事都必須要有絕處求生的決心，才能獲得真正的成就。」

只有對自己狠心，才能激發內在的潛力，讓自己絕處逢生。傳說老鷹是世界上壽命最長的猛禽，有的能活到七十歲，但多數只能活到四十歲。當老鷹活到四十歲時，鳥喙變得又長又彎，幾乎碰到胸膛，爪子也已沒有力量抓住獵物，羽毛厚重且翅膀變得無力飛翔。這時的老鷹只有兩種選擇，等死或經歷一個十分痛苦的更新過程。這痛苦的過程歷時一百五十天，這時牠不能飛翔，處境也很危險，任何動物都可能傷害牠。

老鷹首先用自己的喙狠命敲擊岩石，直到它完全脫落，並靜靜等待新的喙長出來。接著用新長出的喙，將舊爪一根一根地拔出。等到新爪長出後，再將身上又濃又密的羽毛一根根拔掉。

待羽翼漸豐後，牠又成了年輕有力的老鷹，還能再飛翔三十年。

因為對自己夠狠，老鷹迎來了新生。

「天降大任於斯人也，必先苦其心志、勞其筋骨、餓其體膚……」要成就一番事業，必要經歷苦難。不經一番徹骨寒，怎得梅花撲鼻香。經歷過風雨的洗禮，才能見到奪目的彩虹，所以想要成功，就得對自己狠心！

咬緊牙根，人生沒有過不去的坎

走過了痛不欲生，才能深入體會雲淡風輕；走過了漫漫長夜，才能迎來黎明。無論遇到什麼困難，都堅持對自己說：「生活，沒什麼大不了。」

天空不可能永遠晴空萬里、陽光明媚，人生也一樣，會有烏雲密布、狂風暴雨的時候。當你面臨人生的溝坎時，仔細想想，世上哪個人沒有煩惱呢？若想不開，就無法讓自己活得開心、幸福。其實，生活沒有過不去的坎，自傷自憐只會陷入不幸的深淵。走過了痛不欲生，才能深入體會雲淡風輕；走過了漫漫長夜，才能迎來黎明。無論遇到什麼困難，都堅持對自己說：「生活，沒什麼大不了。」

有一個禪宗故事是這樣的。

兩個工作不如意的人心情低落，覺得無法繼續活下去，於是一起去寺廟拜見師父。「師父，我們在辦公室被欺負，太痛苦了，求你明示，我們是不是該辭掉工作？」兩人問。

師父閉著眼睛，隔了半天，吐出五個字，「不過一碗飯。」然

後揮揮手，示意年輕人退下。回到公司，其中一人遞上辭呈，回家種田；另一個什麼也沒做，依舊在公司工作。十年過去，回家種田的以現代方式經營，加上品種改良，居然成了農業專家。另一個留在公司的人，忍著氣，努力學，漸漸受到器重，當上了經理。

有一天，兩人相遇了。

「奇怪，師父給我們同樣的五個字，我一聽就懂了。不過一碗飯，有什麼難過的，何必硬靠在公司呢。所以我就辭職了。」農業專家問另一個人，「你當時為何沒聽師父的話呢？」「我聽了啊！」那經理笑道，「師父說不過一碗飯，多受氣，多受累，我想不過為了混口飯吃，老闆說什麼是什麼，少賭氣，少計較，師父不是這個意思嗎？」

同一句話，兩人的理解截然不同，但最後都獲得了成功。這句話其實就在告訴我們，再大的挫折也「不過一碗飯」，如何看待就在一念之間。

人生沒有過不去的坎，只要保持良好的心態，咬緊牙根，任何困難都會過去。

司馬遷無端受累，卻用《史記》證明了他是一個非凡的男人；

愛迪生沒有因讀不起書而指天怨地，反而刻苦鑽研，發明無數，名垂千古。只要堅信沒有過不去的坎，就一定能戰勝困難。

不狠心，怎能改掉惡習

狠下心改正惡習，讓自己有脫胎換骨的改變，也只有改掉可能毀掉我們的惡習，才能重生。

馬克思曾說：「良好的習慣是一輛舒適的四駕馬車，坐上它，你就跑得更快。」若想成功，就必須養成良好的習慣，它能使人更快達到目標。壞習慣則會讓人一事無成、身敗名裂。懶於春耕的農民，能有五穀豐登的秋天嗎？懶於讀書的學生，將來能成為科學家、文學家嗎？懶於鍛鍊的運動員，能在比賽中奪得金牌嗎？壞習慣會帶來意想不到的危害，甚至無法彌補的傷害。

寺廟裡有位小和尚，在出家前就有丟三落四的毛病。進入寺廟後，方丈和師兄弟們不斷告誡他，可是他卻狠不心改變。每天除了誦經念佛、打掃寺院、提水砍柴外，小和尚也想和師兄們一樣學手藝，以後有個好出路。於是，方丈就安排小和尚學習剃頭，因這門手藝比較簡單，而且即使以後離開寺廟，小和尚也能用這門手藝養活自己。

在學了一段時間後，小和尚認為，剃頭實在是門簡單的手藝，

於是不再向師父學習。可是師父卻告訴他：「要想掌握這門技藝，必須每天拿一顆冬瓜練習，直到在冬瓜上能遊刃有餘地施展各種剃頭法，才能成為不錯的剃頭匠。」

聽了師父的話後，小和尚天天在冬瓜上練習剃頭工夫。幾個月過去了，小和尚剃冬瓜的水準愈來愈高，師父也替他高興。但師父發現，每當小和尚有事暫時離開時，都會把剃頭刀嵌在冬瓜上，等辦完事回來後，再抽出剃刀繼續練習。

師父嚇了一大跳，告誡小和尚，以後千萬不能這樣做，小和尚答應了師父。可是下次再觀察時，他仍將剃頭刀嵌在上頭，師父一次次提醒他，但小和尚都對師父說：「不要緊的，這只是習慣。」「只是習慣？」師父嚴肅地對小和尚說，「若你底下不是冬瓜，而是一個活生生的人呢？這習慣到時候會出人命啊！」看到師父生氣的樣子，小和尚安慰道：「沒事的，師父，不要擔心。等到幫人剃頭時，我就不會這樣了。」

眼看小和尚還俗的時間到了，臨行前師父再三告誡，一定要改掉丟三落四的毛病。但這習慣早已養成多年，何況他根本就沒有改掉的決心，終於在第一次幫人剃頭時出事了。有人請他遞一件東西時，他順手將剃刀嵌在客人的頭上，還好客人沒有生命危險，只是從此再也沒人光顧他的剃頭店了。

你有多少壞習慣呢？若有，就一定要狠下心改正，讓自己有脫胎換骨的改變，也只有改掉可能毀掉我們的惡習，才能重生。

狠下心，絕不為自己找藉口

> 面對失敗，若將下一步的基礎打好，失敗就能成為成功之
> 母，如此一來，也不用為失敗找藉口。

很多人在失敗或被批評時，總會找種種藉口，不停抱怨別人，將責任都推給別人。其實，藉口最容易扼殺進取精神，讓人消極頹廢。它更是一劑鴉片，讓你變得心虛、懶惰，遇到困難就退縮，最終喪失執行能力。

齊瓦勃出生於美國鄉村，沒受過多少教育。十八歲時，齊瓦勃到鋼鐵大王卡內基所屬的建築工地打工。其他人消極怠工，藉口是反正薪資不高，何必那麼努力呢。齊瓦勃卻默默地積累工作經驗，並自學建築知識。

一天晚上，同伴們在閒聊，只有齊瓦勃躲在角落看書。那天，剛好公司經理到工地檢查，經理看了看齊瓦勃手中的書，又翻了他的筆記本，什麼也沒說就走了。第二天，經理將齊瓦勃叫進辦公室，問：「你學那些東西做什麼？」齊瓦勃說：「我想我們公司並不缺打工，缺少的是既有工作經驗又有專業知識的技術人員或管理者，對嗎？」

經理點頭。不久，齊瓦勃就被升任為技師。

有些打工者挖苦齊瓦勃，他卻回答：「我不光在為老闆打工，更不單純為了賺錢，我是在為夢想打工，為遠大的前途打工。我必須在工作中提升自己，使產值遠超過所得的薪資，只有這樣才能得到重用，才能獲得機遇。」

抱著這樣的信念，齊瓦勃一步步升上了總工程師。二十五歲那年，齊瓦勃當上這家建築公司的總經理。

卡內基的合夥人鐘斯是天才工程師，在布拉德鋼鐵廠時，發現了齊瓦勃超人的工作熱情和管理才能。當時身為總經理的齊瓦勃，每天都最早到工地。鐘斯問齊瓦勃為何這麼早上班，他回答：「這樣當有急事時，才不至於耽擱。」工廠建好後，鐘斯推薦齊瓦勃當副手，管理全廠事務。兩年後，鐘斯在事故中喪生，齊瓦勃便接任廠長一職。

因齊瓦勃天才的管理及認真的態度，布拉德鋼鐵廠成了卡內基鋼鐵公司的靈魂。有了這個工廠，卡內基才敢說：「我想占領市場的時候，市場就是我的。因我能造出又便宜又好的鋼材。」幾年後，齊瓦勃便被卡內基任命為鋼鐵公司的董事長。從齊瓦勃的故事中不難看出，只要兢兢業業地工作，在別人為不努力找藉口時，你默默提升自己的能力，那麼幸運就會來臨。

西點軍校有一個悠久傳統，遇到長官問話，只有四種回答：
「報告長官，是！」、「報告長官，不是！」、「報告長官，不知
道！」、「報告長官，沒有任何藉口！」除此之外，不能多說一
個字。「沒有任何藉口」是西點軍校最重要的準則，它讓學員
想盡辦法完成任務，不為失敗找藉口，目的是讓學員停止推卸
責任，努力提升自己。面對失敗，若將下一步的基礎打好，失
敗就能成為成功之母，如此一來，也不用為失敗找藉口。

優秀的人從不抱怨，失敗的人永遠在找藉口，當你不再找藉口
時，離成功就不遠了。

戰勝自己的人，才配得到上天的獎賞

當需要勇氣時，首先要做的，是戰勝內心的軟弱；需要灑
脫時，首先要做的，是戰勝內心的執迷；需要勤奮時，首
先要做的，是戰勝養成的懶惰……

人的一生總在適應自然、社會、家庭而努力。有人形容人生如
戰場，勇者勝而懦者敗。從生到死的生命歷程中，所遇到的
人、事、物，都是戰鬥的對象。其實內心的想法往往不受自己
指揮，只有狠下心，努力克服內心的障礙，才能戰勝自己，得
到上天的獎賞。

一個名叫阿齊姆的人，垂頭喪氣地走進心理醫師的診療室，向
心理醫師傾訴一生不幸的遭遇。他說：「我曾經歷無數失敗，
求學時，考試沒有一次順利過關；出社會後，做過許多生意，
但都負債收場，從沒賺過錢；求職過程中又四處碰壁，好不容
易找到工作，沒多久就被老闆開除，現在連老婆都無法再忍受
我，要求離婚……」

心理醫師問：「那麼，你現在想怎樣呢？」阿齊姆萬念俱灰地
回答：「什麼也不想，此刻只想一死了之。」

心理醫師：「你有沒有小孩？」

阿齊姆說：「有呀，那又怎麼樣呢？」

聽了阿齊姆的話，心理醫師笑了笑，「還記得你是怎樣教小孩走路的嗎？從他第一次雙手離開地面，顫巍巍地站起來，家人是否都為他的勇敢喝彩呢？」阿齊姆若有所悟地回答：「嗯……是的……」心理醫師繼續說道：「然後，孩子很快又跌倒了，這時，你是不是會輕輕將他扶起，告訴他『沒關係，再試一試，你會走得比上次更好！』」聽到這裡，阿齊姆的語氣更堅定了，「對，我會幫助他。」

心理醫師說：「孩子在走路時會跌跌撞撞，經過無數次練習，還是走得不穩。你會不會失去耐性，告訴他，再給三次機會，要是再學不會的話，終生不准再走路，乾脆坐輪椅算了。」阿齊姆說：「不會，我會再幫助他、鼓勵他，因為我相信，孩子一定能學會走路。」心理醫師說：「那就對了，你才跌倒幾次，為何就想要坐輪椅了呢？」

阿齊姆抗議道：「可是，人本來就會協助小孩，提攜他，幫助他，但我呢？」心理醫師說：「在遇到困難時，真正能幫助你、鼓勵你的人是誰，難道你還不知道嗎？」阿齊姆想了想，對心理醫師重重地點了頭，然後昂首闊步走出了診療室。

看了這個故事，你想到了什麼呢？若仔細分析日常生活中的煩惱，就會發現，這些痛苦的來源有一大部分是「無法戰勝自己」造成的，也就是無法把握自己的心態。

當需要勇氣時，首先要做的，是戰勝內心的軟弱；需要灑脫時，首先要做的，是戰勝內心的執迷；需要勤奮時，首先要做的，是戰勝養成的懶惰；需要寬宏大量時，首先要做的，是戰勝淺狹；需要廉潔時，首先要做的，是戰勝貪欲；需要公正時，首先要做的，是戰勝偏私。

許多相互矛盾的名詞，如勇敢、軟弱，勤奮、懶惰，寬大、淺狹……幾乎占據著生活。世上沒有絕對完美的理想之人，當然，也很少有無可救藥的人，在每個人的心中，或多或少存在著上述的矛盾。這些矛盾往往出現在你採取行動的時候，會讓你徬徨困惑、痛苦不堪。你做出什麼樣的決定，完全要歸結於這兩種矛盾的力量，最終哪一邊取得勝利。

想要戰勝自我並不容易，需要很大的勇氣和堅定的信念。試想，你戰勝過自己嗎？還是對自己太縱容了？陷入泥潭無法自拔，或者充滿希望地積極生活，一切都取決於能否戰勝自己。

多一分磨礪，多一分強大

面臨危機時，若你把握住機會，就能成長；若放過機會，
就會退化。

成功人士在談到成功歷程時，曾感慨地說：「成功者和失敗者
最重要的區別是，失敗者總把挫折當失敗，讓挫折深深打擊爭
取勝利的勇氣；成功者則從不言敗，愈磨礪愈強大。」

生活遭遇逆境，但如何面對逆境和挫折，則取決於選擇。成功
者從不遁逃、沉淪，在挫折中崛起、抗爭，在失敗中自強不息。

「我的一生都獻給了非洲人民的這場鬥爭。我為推翻白人統治
而戰，也為推翻黑人統治而戰。我崇尚民主和自由的社會，所
有人都和諧相處，都有平等機會。這是我為之奮鬥、並希望實
現的理想。若有必要，這也是我準備為之犧牲的理想。」

這是曼德拉的宣言。一九六二年，曼德拉被捕入獄，南非政府
以「非法出境罪」和「煽動罷工罪」兩項罪名判處五年監禁，
而在服刑兩年後，他又在著名的「利沃尼亞審判」中，被南非
政府以「企圖暴力推翻政府」等四項罪名判處終身監禁，也正

是這次審判，曼德拉發表了鼓舞所有南非黑人的「鬥爭宣言」。

曼德拉的夢想對我們而言也許很簡單，民主和自由，只要身處在開放社會就可以了，但對曼德拉而言，要實現卻是漫長曲折的過程。為此，他甚至放棄了酋長繼承人的資格，「絕不願以酋長的身分去統治受壓迫的民族。」他是一個值得尊敬的人，不僅在於他的成就，也在於對磨難人生的態度。

曼德拉生命裡最「黑暗」的地方，沒有讓他失去理智和放棄希望，沒有改變他對夢想的堅持，更沒有改變他樂觀、幽默、平和、寬容、堅定的高貴品格。他在堅韌中等待夢想實現的那刻，也做好為之獻出生命的準備。曼德拉在自傳中寫道：「即使在監獄那些最冷酷無情的日子，我也從獄警身上看到若隱若現的人性，可能僅僅是一秒鐘，卻足以使我恢復信心並堅持下去。」

曼德拉所受的一切，都是為實現理想而付出的代價，其實他早知道會如此，但依舊選擇這條路。正是對理想的不懈與堅持，曼德拉迎來了勝利的曙光，如此傳奇的一生才會無比絢爛。

困難和挫折對我們來說是危機，也是挑戰。馬斯洛曾說：「一個人面臨危機時，若你把握住機會，就能成長；若放過機會，就會退化。」所以愈磨礪愈成長，面對挫折，別像溫室的花朵般害怕風雨，應狠下心，讓自己櫛風沐雨，在暴風中變得更強大。

Chapter 12

破曉總是為了等待它的人來臨

想成功就得先經歷一段沒人支持、沒人幫助的黑暗歲
月，猶如黎明前的黑暗，捱過去，天也就亮了。

沒有夢想，何必遠方

人生如黑夜行船，志向便是那最遠最亮的航標燈，有了
它，才會乘風破浪地前進，不至於被狂風巨浪吞沒……

「志」是人的心意所向，《詩・關雎序》稱：「在心為志。」做
為人生的追求目標，「志」有著舉足輕重的地位。立志就是讓
一個人從大地上站起來，從懵懵懂懂中清醒，從渾渾噩噩中悔
悟，從芸芸眾生中凸現出來。

生活不能沒有目的，人生不能沒有方向。立志就是給人生一個
目的，一個方向，使智慧、情感和意志，沿著既定的方向到達
目的地。《大學》有言：「知止而後能定，定而後能靜，靜而後
能安，安而後能慮，慮而後能得。」止就是人生的至善境界、
生活的目的，它支撐著人的價值，體現了人的尊嚴。志向是可
貴的精神力量。一個想有所成就的年輕人，必須狠下心，立下
一個能激發動力的遠大志向，才不會渾渾噩噩地混日子。

人生如黑夜行船，志向便是那最遠最亮的航標燈，有了它，才
會乘風破浪地前進，不至於被狂風巨浪吞沒；人生如攀登險
峰，志向則是險峰上的高點，有它在頂峰發光，你才不會留戀

半山腰的奇花異草而停止攀登的步伐。如同在荊棘叢生的野外跋涉，每走一步都如此艱難，胸無大志者會退縮，而心存大志者卻義無反顧地大步向前，明知前方荊棘遍地，仍充滿希望，勇敢地划起生命之舟。

歷史長河中，許多成功者的收穫，都源於遠大志向。

「三軍可奪帥也，匹夫不可奪志也。」這是萬世師表的孔子對理想的認識。他雖四處遊說，到處碰壁，仍矢志不渝。試想，若十五歲時沒立下學習道德學問的志向，哪會有對後世影響至深的儒家經典呢？

很多人不敢立大志的原因，是對自己缺乏信心。其實我們應深信，志當存高遠，若要立志就要立大志。只要有堅定不移的目標，並為之努力不懈，終有一天能實現理想。

不是每個人都可以心直口快

固然「良藥苦口利於病，忠言逆耳利於行」，但現在那些
苦口的良藥都在外面裹上一層糖衣，說話又怎能心直口
快，不顧別人的感受呢？

生活中經常會聽到一些很直接的話，「你最近又胖了！」、「說
實話吧，你這份文案真的太爛了！」、「我覺的你的想法是錯
的……」不可否認，或許這些話有一定的道理，但聽的人會怎
麼想呢？會感覺舒服嗎？我們可以說真話，但若不顧他人感
受，往往會傷害到別人的自尊。每個人都是獨立的個體，需要
被尊重。事實上，有些事實還不如不說出來。比如，上司的某
些作法或許不太妥當，但若你非要心直口快地評論一番，相信
你在公司的時間也不會太久了，畢竟沒幾個主管能容忍時時
「放炮」的下屬。

前程無憂首席人力資源專家馮麗娟勸告年輕人，若層次不夠
高，就不要心直口快。因階層不高，心直口快會變成一把朝向
自己的刀。所以當老闆做了不妥的決定，若想提醒他時，不必
心直口快地說：「老闆，你這決定真的很蠢！」應委婉地說：
「老闆，經銷商問您，若產品定價這麼高，是不是準備放棄以

前的舊客戶，重新開發新的高端客戶呢？」不該說的話絕不說，說話時也要注意分寸。

固然「良藥苦口利於病，忠言逆耳利於行」，但現在那些苦口的良藥都在外面裹上一層糖衣，說話又怎能心直口快，不顧別人的感受呢？

你必須承受成功前的寂寞

成功前總有一段寂寞孤獨的旅途。當走過黑暗與苦難的隧
道後，或許會驚訝地發現，平凡如沙粒的你，不知不覺
中，已成為一顆璀璨耀眼的珍珠。

作家劉墉曾說過，每個年輕人都要經過一段「潛水艇」似的生
活，先短暫隱形，找尋目標，耐住寂寞，蓄積能量，日後方能
毫無所懼，成功地「浮出水面」。

成功的人能夠承受住寂寞。而胸無大志的人常會被外面的花花
世界干擾，在朝三暮四的動搖與徘徊間，浪費大好時光。若有
開創事業的志向，能在浮躁的環境中靜下心來，踏實走好每一
步，堅守住寂寞，一定能獲得驚人的成就，也會對生活中的寂
寞與快樂有更多感悟。

許多年前，有個養蚌人想培育世界上最大的珍珠，於是一早來
到沙灘上挑選沙粒。他耐心地詢問沙粒，問它們願不願意變成
一顆美麗的珍珠，但那些沙粒都搖頭說不。直到黃昏，他快放
棄時，終於有一顆沙粒答應他了。

旁邊的沙粒都嘲笑它，說它竟想搬到蚌殼裡住，深藏海底，不只要遠離親人朋友，還見不到陽光雨露，享受不到明月清風，只能與黑暗、寒冷、孤寂為伍，實在太不值得了。可是那顆沙粒仍無怨無悔地隨養蚌人而去。幾年過去，那顆沙粒長成一顆晶瑩剔透、價值連城的珍珠。它周遊列國，向人們展示著自己的美麗，也贏得了人們的尊重與讚美。而曾嘲笑過它的那些夥伴，卻依然只是一堆沙，有的已風化成土。

耐得住寂寞，才守得住繁華。成功前總有一段寂寞孤獨的旅途。當走過黑暗與苦難的隧道後，或許會驚訝地發現，平凡如沙粒的你，不知不覺中已成為一顆璀璨耀眼的珍珠。在命運的航程中，每個人都是獨行者。有的人一帆風順，有的人過程坎坷，而這些坎坷都是磨礪、是財富。

人生是自我修行的過程，當發現生命與工作的意義，找到了方向，就耐得住寂寞，禁得起誘惑，驅除浮躁，扛得起挫折。想成功就得先經歷一段沒人支持、沒人幫助的黑暗歲月，這段時光恰是沉澱自我的關鍵。猶如黎明前的黑暗，捱過去，天也就亮了。

沒有誰的人生不需要分享

生活需要伴侶，快樂和痛苦都要有人分享。沒有分享的人
生，無論面對快樂或痛苦，都是種懲罰。

經常看到一些占有欲很強的小朋友，玩具從不讓別人碰。結
果，他想玩別人的玩具時，別人自然也會拒絕他。而那些懂得
和其他小朋友分享玩具的孩子，別的小朋友往往也樂意和他分
享玩具。曾有人說過，不會分享的人注定是孤獨者、失敗者。
分享很簡單，它是思想上的放鬆。每個人都能給予自己所擁有
的，從而獲取快樂，丟掉憂愁，這就是分享。

白居易曾說：「樂人之樂，人亦樂其樂；憂人之憂，人亦憂其
憂。」正是分享的道理。沒有分享的人生是種懲罰，無論與人
分享的是快樂或痛苦、歡笑或眼淚，這世界因分享才如此美
麗。生命因分享而充實、激情，進而多姿多彩。當你與別人分
享所有時，思想是放鬆的，內心是快樂的。而一個不懂分享的
人無法體會這種快樂，封閉獨享只會讓心裡的雜草叢生。

貝爾太太是位有錢的婦人，她的花園又大又美，吸引了許多遊
客毫無顧忌地跑來遊玩。年輕人在綠草如茵的草坪上，跳起

歡樂的舞蹈；小孩栽進花叢捕捉蝴蝶；老人蹲在池塘邊垂釣；有人甚至在花園裡搭起帳篷，準備在此度過盛夏之夜。貝爾太太站在窗前，看著這群快樂的人們，在她的院子盡情唱歌、跳舞、歡笑，愈看愈生氣，於是叫僕人在門口掛了塊牌子，上面寫著：私人花園，未經允許請勿入內。可是一點用也沒有，那些人仍成群結隊地走進花園遊玩。貝爾太太只好讓僕人前去阻攔，結果發生了爭執，有人竟拆走花園的籬笆。

後來貝爾太太想出一個絕妙的點子，她讓僕人把門外那塊牌子取下，換上一塊新牌子，上面寫著：歡迎你們來此遊玩，本園主人特別提醒大家，花園裡有毒蛇，若不慎被蛇咬傷，請在半小時內採取緊急救治措施，否則性命難保。離此地最近的醫院在威爾鎮，驅車約五十分鐘即到。

這真是絕妙的主意，那些貪玩的遊客看了牌子後，對這座美麗的花園望而卻步。可是幾年後，遊人再去貝爾太太的花園時，卻發現因院子太大，走動的人太少，真的變得雜草叢生、毒蛇橫行，幾乎荒蕪了。孤獨、寂寞的貝爾太太，守著她的大花園，懷念著那些曾來遊玩快樂的遊客。

托爾斯泰說：「神奇的愛會使數學法則失去平衡。兩個人分擔一個痛苦，痛苦就只有一個；兩個人分享一個幸福，卻可以擁有兩個幸福。」分享是心與心的交換、情與情的傳遞。我們每

個人都需要分享，會分享的人才會有好心情。

生活需要伴侶，快樂和痛苦都要有人分享。沒有分享的人生，無論面對快樂或痛苦，都是種懲罰。

放縱自己就等於放棄自己

一旦選擇放縱自己，就等於走向墮落的通道。你遊戲人
生，人生就會用慘不忍睹的結果回報你。

若想成功，就不能隨波逐流，放縱自己，應約束自己的行為和
言語，謹言慎行。與其因放縱招來麻煩，不如謹慎從事，做
好自我管理。若抱著及時行樂的態度，不能好好把握自己的角
色，必然會遭人非議。

小王的公司舉行酒會，他平時很愛喝酒，一喝就停不下來，喝
醉後醜態百出。這次，小王抱著不喝白不喝的態度，一副饞
相，不醉不休，以為喝免費酒占了便宜，其實大錯特錯。因這
種酒會，雖大家都一團和氣，看上去也很自在，但也許你並沒
有留意，有許多上司就是利用酒會觀察員工，因人在放鬆時，
容易暴露出本性。試想，當小王爛醉如泥時，將平日工作極力
掩飾的小毛病，全暴露出來，會得到什麼評價呢？

人的一生中，會經歷許多變故，失去親人、戀人、朋友、美好
的事業……這些打擊襲來時，最能考驗一個人的鬥志，若退縮
放縱，從此一蹶不振，失去的會更多。感情的事無法遊刃有餘

地駕馭，會經受各種打擊，有些人彷徨失措，猶如無頭蒼蠅，覺得社會過於黑暗、不公平。這些人變得仇視社會與感情，從一個極端走向另一個極端。一旦選擇放縱自己，就等於走向墮落的通道。你遊戲人生，人生就會用慘不忍睹的結果回報你。

若學生放縱自己，不專心學習，整天泡網咖，沉迷電動遊戲，將精力都用在遊戲上，成績必然會直線下降，直到學業一塌糊塗。若在工作中放縱自己，不努力提升能力，沉迷於和工作無關的事上，以至於工作愈來愈糟，那就離走人不遠了。若在感情中放縱自己，不懂珍惜家庭和所愛的人，於聲色場合逢場作戲，最後鬧得妻離子散、眾叛親離，只怕到時無法收場的是你自己。

既然是花，就要綻放；既然是樹，就要成棟梁；既然是石頭，就要鋪出大路。人生在世，為何不能奮鬥一下呢？也許在受打擊後勇敢面對，明天就不是你所想的那麼黯淡。要記得，明天會比今天更好，切莫遊戲人生。因放縱自己就等於放棄自己，放棄了美好的未來。

Chapter 13

人生總有一段彎路

人的最大弱點，就是顧慮重重，將簡單的事複雜化。
若想主宰人生，就要堅持走自己的路，不要活在別人
的看法中。

改變可以改變的，接受必須接受的

改變不了環境，但可以改變自己；改變不了事實，但可以
改變態度；改變不了過去，但可以改變現在……

在威斯敏斯特教堂的地下室，英國聖公會主教的墓碑上，寫著
這樣一段話：

當我年輕自由時，想像力沒有局限，我夢想改變世界。當我漸
漸成熟明智時，發現世界是不可能改變的，於是我將目光縮短
了些，那就只改變我的國家吧！但我的國家似乎也無法改變。
當我到了遲暮之年，抱著最後一絲希望，我決定只改變我的家
庭和親人。

唉！但他們根本不接受改變。

現在，在我臨終之際，才突然意識到，若當初我只改變自己，
接著就能改變我的家人。並在他們的激發和鼓勵下，我也許能
改變國家。再下來，誰又知道呢，也許我能改變整個世界。

有些人認為改變自己太難，但改變社會似乎很簡單。結果可想

而知，他既不能改變社會，也不能改變自己，於是牢騷和抱怨成了家常便飯。其實，地球不需要你操心也會運轉良好，只要你一心一意把該做的事做好。

吳淡如曾說過一句話：「改變我能改變的，接受我必須接受的，讓自己活得充實，永遠不要畫地自限。」生活中，明智的作法就是接受必須接受的、改變能夠改變的。比如，改變不了環境，但可以改變自己；改變不了事實，但可以改變態度；改變不了過去，但可以改變現在……只有這樣才不會被生活擊倒，活出自己的精采。

巴雷尼小時候因病殘疾，母親心如刀絞，但她想，孩子現在最需要的是鼓勵，而不是眼淚。於是母親來到巴雷尼的病床前，拉著他的手說：「孩子，媽媽相信你是有志氣的人，希望你能用自己的雙腿，在人生道路上勇敢走下去。親愛的巴雷尼，你能答應媽媽嗎？」

母親的話如鐵錘般撞擊著巴雷尼的心扉，他哇的一聲，撲到母親懷裡大哭起來。

從此以後，只要有空，媽媽就陪巴雷尼練習走路、做體操，常累得滿頭大汗。有一次，媽媽得了重感冒，儘管發高燒，她仍協助巴雷尼練習走路。黃豆般的汗水從媽媽臉上淌下，她咬緊

牙根，硬是幫巴雷尼完成當天的鍛鍊計畫。

鍛鍊彌補了殘疾帶來的不便，母親的榜樣更深深教育著巴雷尼，他終於承受住命運的嚴酷打擊。他刻苦學習，成績名列前茅，最後以優異的成績考進上維也納大學醫學院。畢業後致力於耳科神經學的研究，終於登上諾貝爾生理學和醫學獎的領獎臺。

生活就是這樣，你無法預料它會帶來什麼，必須接受、改變你遇到的，才能品嘗勝利的果實。

狠得下，才能捨棄該捨棄的

面對捨與得的兩難，人心總有一絲貪欲，這點貪欲使人無法坦然捨棄該放手的事物，總想把所擁有的都抱在懷裡，據為己有。然而，魚與熊掌不可兼得是亙古不變的真理。

人性的其中一個弱點是貪得無厭，總想占有愈多愈好。但令人苦惱的是，生命背負不了太多行囊，學會捨棄才能輕裝上陣、一路高歌。只有狠心捨棄不重要的東西，才能走出煩惱。

很久很久以前，一個土財主家鄉淹大水，貧窮的人們沒有貴重家當，所以能順利游在水中，最終獲救。而土財主卻把金銀財寶裝滿全身，奮力在水中掙扎，並向遠處一條小船呼救。

船上的人大聲要他把身上的物品丟掉，這樣就暫時不會溺水，以便讓別人有時間救他。但守財奴捨不得扔掉金銀財寶，終於溺斃身亡。若他能捨去身上的包袱，便能得到生命。

另一個故事是這樣的。

漁人捕魚時，一隻鳶鳥叼走了一條魚。無數隻烏鴉看見了魚，

便追逐著鳶鳥搶食。鳶鳥不論飛到哪裡，滿天烏鴉都緊追不捨，鳶鳥疲累地飛行，心神渙散時，魚就從嘴裡掉了下來，那群烏鴉便朝著魚落下的方向繼續追逐。鳶鳥如釋重負，在樹枝上棲息，想著：「背負著這條魚，讓我恐懼煩惱，現在沒了這條魚，內心反而平靜，沒有憂愁。」

以上兩則故事不難看出，若不能狠心捨棄應該捨棄的東西，就會負荷累累、沉重不堪。

若情愛是束縛，你能捨去情愛，不就得到自在了嗎？若傲慢是煩惱，你能捨去傲慢，不就能得到清涼嗎？若妄想是虛妄，你能捨去妄想，不就得到真實了嗎？若掛礙是痛苦，你能捨去掛礙，不就能得到輕鬆嗎？

值得追求的東西很多，若一味糾纏在毫無結果的東西上，到頭來如竹籃打水，徒留一場空。若說執著是種精神，那麼放棄則是勇氣與境界。得不到的或不該拿的，就該果斷放棄。

面對捨與得的兩難，人心總有一絲貪欲，這點貪欲使人無法坦然捨棄該放手的事物，總想把所擁有的都抱在懷裡，據為己有。然而，魚與熊掌不可兼得是亙古不變的真理，所以必須學會狠下心。

上天是公平的，在這裡有所遺憾，必會在另一處給你補償。因此，當我們選擇捨棄時，不要認為這是人生一大遺憾，其實這也是得到的時候。

人生是活給自己看的

人是活給自己看的，並不是為了迎合別人的期待。唯有如此，才能活出獨特的精采。

我們身邊總不缺少喜歡品頭論足、好為人師的人。你穿了一件新衣服，他說質料太差了；你沒日沒夜辛苦工作，他說你故意做給上司看；你設計了一個新產品，他說好像在哪裡看過這個創意……這時，我們難免會感到氣憤，但千萬不要真的生氣，你的憤怒只會讓那些喜歡品頭論足的人更加興奮。記住但丁的名言，走自己的路，讓別人去說吧。

李軍是個沒有主見的人，做事時常搖擺不定。大學畢業後，李軍到一家公司上班，誰知第二天就遇到了尷尬的問題。那天，急忙衝進電梯的李軍，發現後面站著的是昨天剛見過的副總，即人力資源部主管。

李軍猶豫著要不要回頭打招呼，但他怕顯得太巴結，又擔心人家不一定記得他。於是他下定決心，就當沒看見。沒想到後來替副總的祕書送報告，碰巧副總從辦公室走出來，卻像沒看見他一樣，目光飄得很遠。他開始後悔在電梯裡的行為，心想，

副總一定在電梯裡看見他了。沒過多久,更倒楣的事情來了,上司帶著李軍陪副總和客戶吃飯。因為上次的事,李軍想藉此機會與副總打好關係,但整場飯局中,他幾乎沒任何表現,僅在內心進行了無數次掙扎,他被太多的想法搞得像傻瓜。

前往餐廳途中,上司開始和副總聊公司的事。他想,公司的事不需我這個新人插話,於是一直保持沉默。中間副總咳嗽了一陣,他想乘機問問,副總您生病了嗎?但這念頭一出,連他自己都覺得害羞,腦中冒出「諂媚」這個詞。倒是他上司開口了,「最近身體不好?」副總嘆了口氣說:「老毛病,一到秋天就犯。」於是他們又聊到生活。期間李軍幾次想參與話題,卻想,人家關係不錯才能談這麼親近的話題,你有什麼資格參與?不要搞得像隔著上司巴結副總。所以路途中,他的內心反覆糾結,沉默不語。

到了用餐時,他簡直不知所措,覺得自己地位低下,敬酒時自然該保持沉默。與對方公司交流、聊天這種事,似乎也不知從何說起,主管事先沒對他交代過。李軍覺得自己像空氣,乾坐在一旁。席間,主管要他表現新人的風範,給對方的副總敬杯酒,他立刻說自己不喝酒,敬果汁可以嗎?輕鬆的氣氛一下子就沒了⋯⋯

表面看來,似乎是李軍處事不圓滑,內心有太多的想法。事實

上，他的心態波動、猶豫不決，就是被眾多人的想法及身分觀念所左右，導致最後的決定，反倒不是真正想要的。太在意別人的看法，因他人的評價而波動，會讓人未加思索便直接接受別人的信念，如同神經系統被下了緊箍咒，影響現在及未來。

人的最大弱點，就是顧慮重重，將簡單的事複雜化。若想主宰人生，就要堅持走自己的路，不要活在別人的看法中。人是活給自己看的，並不是為了迎合別人的期待。唯有如此，才能活出獨特的精采。

學會心安，天地自寬

> 心若放寬，世界就開闊。擇高處立，就平處坐，向寬處
> 行，這是生活的至理。只有把心放寬，人生的路才會更寬
> 廣。

生活上難免遭遇煩心事，若一直被煩惱包圍，不僅有害身心健
康，還會陷入痛苦的深淵。

從前有個國王獨自到花園散步，令他萬分詫異的是，花園裡的
花草樹木都枯萎了。而後國王了解到，橡樹由於沒松樹那麼
高大挺拔，因輕生厭世而死；松樹因自己不像葡萄那樣結實纍
纍，也嫉妒而死；葡萄哀嘆自己終日匍匐在架上，無法直立，
不像桃樹能開出美麗的花朵，於是也死了；牽牛花則嘆息自己
沒紫丁香那麼芬芳……其餘的植物也因自己的平凡而垂頭喪
氣，只有細小的安心草茂盛地生長著。

國王看了看平凡的安心草，問道：「別的植物都枯萎了，為何
你卻這麼樂觀，毫不沮喪呢？」小草回答：「國王啊，那是我
不灰心失望，也沒非分之想，只想好好做一株安心草。」

這個故事傳達了一個道理，心安是福，心安才能快樂健康地成長，少一些嫉妒、厭世等陰暗面，不受世俗紛擾。否則，即使擁有再多，若不能心安，永無知足與感恩。心若放寬，世界就開闊。擇高處立，就平處坐，向寬處行，這是生活的至理。只有把心放寬，人生的路才會更寬廣。

懂得心安，就學會寬容別人，生命就能多點空間。有朋友的人生路上，才有關愛和扶持，少一點風雨，多一點溫暖和陽光。懂得心安，就學會忘卻。人人都有痛苦的傷疤，動輒去揭，便添新瘡，舊痕新傷難癒合。忘記昨日的是非，忘記別人對自己的指責，時間是良好的止痛藥。學會忘卻，生活才有陽光與歡樂。懂得心安，就不會執著於別人的錯誤，能放開思想包袱。若耿耿於懷，則限制了自己的思維。即使是背叛，也非不可容忍。能承受背叛的人，才是最堅強的，將以堅強的心智與威嚴，給人信心與動力，因而更能防止、減少背叛的發生。

懂得心安，就學會瀟灑。「處處綠楊堪繫馬，家家有路到長安。」寬厚待人，容納非議，乃事業成功、家庭幸福之道。凡事斤斤計較、患得患失，活得也累，難得人世走一遭，瀟灑最重要。

懂得心安，就學會包容，別人和自己意見不一致時，也不必勉強。任何想法都有緣由，了解對方想法的根據，就能設身處

地，提出雙方都能接受的方案。消除阻礙和對抗是提高效率的唯一方法，任何人都有自己的看法和體會，要尊重他人，並積極吸取精華。懂得心安，就學會忍耐。同伴的批評、朋友的誤解、過多的爭辯和反擊，實不足取，唯有冷靜、忍耐、諒解最重要。相信這句名言，「寬容是在荊棘中長出的穀粒。」退一步，天地自然寬。

法國大文豪雨果曾這麼感嘆，「世上最寬廣的是海洋，比海洋更寬廣的是天空，而比天空更寬廣的，是人的胸懷。」

學會心安，天地自寬，等於拓寬了人生的路。

世上沒有一片完美的葉子

有些人過於追求完美，容不下一點小差錯，否則就吃不
下、睡不著，整天糾結。

追求完美的人多半有些強迫症。好比有人無法忍受桌子雜亂無
章，有人絕不把工作留到明天，有人花大量時間加班，只為了
達到設定的目標。這些已是苛求完美的病態表現，為此大發脾
氣，不是一項明智的作法。

難道，追求完美也有錯？或許這正是積極的心態啊！「我並不
這樣認為。」加拿大不列顛哥倫比亞大學心理學家保羅・休
伊特說：「這些人往往忽略了完美主義者脆弱的一面，譬如沮
喪、厭食、憤怒和自殺。」一味追求完美，容易使自己陷入困
境，無法自拔，更引起情緒的激烈波動，帶來意想不到的後
果。其實，人生沒有完美，完美只是一種理想。即便維納斯女
神，也有斷臂缺陷。但正是因斷臂的缺陷，維納斯才更美麗動
人，美得令人心醉神迷。

一位太太買了條絲質圍巾，她非常喜歡，卻捨不得使用，想選
重要場合來展示自己配戴它的風采，然而，這位太太來不及享

受美麗的絲巾就離世了。由此可知，行動應只爭朝夕，不能等待，人生的曲線由每個過程構成，把內涵及時展示在生命中，何必選擇那未知的未來呢？因人生只有追求完美，沒有真正的完美。

生活中處處有遺憾，這才是真實人生。不能苛求完美，因世上沒有一片完美的葉子。沒有最好，只有更好，把完美當成動力，才是最完美的事。別因不完美而心生怨氣，擁有缺憾是人生的豐富與充實。有些缺點恰好是美麗的優點，無意間鑄就了另一種人生。

對於那些完美主義者，不妨偶爾準時下班，將休息時間全用來休息，讓辦公桌堆得一團糟也無所謂，然後問問自己：你受處罰了嗎？生活還正常嗎？是不是更加快樂？也許你會驚訝地發現，一切照常運轉，曾擔心的事其實並沒有那麼重要。

法國思想家盧梭說得好，「大自然塑造了我，然後把模子打碎了。」這話聽來有點玄，其實說的是實話，可惜許多人不肯接受已經失去模子的自我，於是就用自以為的完美標準，把自我重新塑造一遍，結果卻失去了本我。

要擁有更輕鬆的生活，就必須學會不苛求瑣碎，不追求完美。有位哲人曾說過，「完美本是毒。」這世上根本不存在完美，沒

有完美的結果，也沒有完美的過程和途徑。完美，只能是種追求。

今天的放棄，是為了明天的得到

生活已變得太複雜，用亂七八糟的事物塞滿清醒的每一分
鐘，簡直是瘋狂愚蠢的行為。

某個人覺得生活很沉重，便去拜見法遠禪師，以求解脫之道。

法遠禪師沒說什麼，只是給他一個袋子，讓他背在肩上，並指
著一條沙石路說：「你每走一步，就撿一塊石頭放進去。」那
人遵照法遠禪師所說的去做，而法遠禪師則快步走到路的另一
頭。

過了一會兒，那人走到了小路的盡頭，法遠禪師問他有什麼感
覺。那人說：「感覺愈來愈沉重。」

「這就是為何你覺得生活愈來愈沉重的原因。」法遠禪師說，
「每個人來到世界上，都背著一個空袋子。在人生的路上每走
一步，都要從世界上拿一樣東西放進去，所以就會愈走愈累。」

那人問：「有什麼辦法能減輕這些沉重的負擔嗎？」法遠禪師
說：「很簡單，只要將裡面的東西一件件扔掉就行了。生活不

需要太多負擔，否則會被壓垮。」

那人聽後恍然大悟。

現在社會發達，但現代人卻少了恬淡和快樂。人們被無窮無盡的欲望包圍，變得更加浮躁和勢利，不是抱怨不如意，就是抱怨不順心，確實是件可悲的事。追根究柢，是因我們背負了太多的包袱，讓人生不堪負荷。

妮娜‧威廉姆斯是美國宣導簡單生活的專家。做為一個投資人、作家和地產投資顧問，在這個領域努力奮鬥了十幾年後，有天，她坐在書桌旁，呆呆地望著密密麻麻的排程表，突然意識到，自己再也無法忍受這張令人發瘋的時程表。

生活已變得太複雜，用亂七八糟的事物塞滿清醒的每一分鐘，簡直是瘋狂愚蠢的行為，以至於自己常失控、抱怨，原來，只因自己的包袱裝得太滿了。就在這一刻，她決定要簡單生活，於是著手列出清單，把能從生活中刪除的事都列出來，並採取了一系列「大膽」的行動。

首先，她取消所有預約的電話。其次，停止續訂雜誌，並將堆在桌上沒讀過的雜誌都清掉。她註銷了一些信用卡，以減少每個月收到的帳單。透過改變日常生活和工作習慣，使得她的房

間和草坪更加整潔。她的簡化清單包含八十多項內容。從此她再也不會抱怨工作煩瑣,她發現,很多看似重要的東西,其實並沒有那麼重要。

但生活中,還是有不少人執著於欲望的包袱,深陷其中不能自拔。人有欲望無可厚非,有些人的欲望是客觀的、節制的,這樣的欲望會成為一種目標、動力,使人有方向。有些人的欲望則是主觀的、無限的,甚至不知道要多少才能滿足,這樣的欲望只會增加壓力,成為無法揮去的負擔和包袱,羈絆前進的腳步,將人引向歧路。

私欲無限膨脹,生活包袱愈來愈沉重,往往是惹禍的根源。只有狠下心,拋棄一些包袱,輕裝上陣,才能體會生命的美好。

放下，下一站就是幸福

學不會放手，只知道緊握拳頭，最後可能一無所有，因你
手中握著的是虛無。而懂得放手，才能擁有更多。

人們常說：「做人要拿得起，放得下。」拿得起是種勇氣和毅
力，放得下是種胸懷和肚量。「拿得起」簡單來說，就是兩個
字──有為。它是積極的人生態度，是一種能力。工作中，樣
樣事情拿得起，必是主管重視、同事尊重的骨幹；家庭中，樣
樣事情拿得起，必是全家人的頂梁柱；社交中，樣樣事情拿得
起，必是朋友們的主心骨。

但光拿得起還不行，還得放得下。就像舉重，不僅要將槓鈴拿
起來，還要能安全地放下去，這才是成功。人生就該有這樣的
心態。放得下是種大氣的表現，人是有思想、有欲望的動物，
內心深處難免有種「得到愈多愈好」的意念，想放得下，確實
不容易。

有一個老和尚帶著一個小和尚趕路，過河時遇見一個女人，
雨後的河水異常洶湧，她無法過河。老和尚見狀，便將女人
抱起，過了河後將女人放下。徒弟一看，就說：「有沒有搞錯

呀，師父！男女授受不親，你卻抱著女人過河！」師父沒有理會。小和尚嘀嘀咕咕，走了一公里左右，又忍不住說：「師父你錯了，為何抱著女人過河？」師父望了小和尚一眼道：「我已經放下，你還沒放下。」

我們很多人就像故事中的小和尚，之所以不開心，很大原因就是放不下，致使背負著沉重的負擔，生活也愈來愈累，直到被生活壓垮。試問，有多少人能放下昔日的輝煌？有多少人能放棄到手的財富？有多少人能放下內心的積怨？我們生活在紛擾的塵世中，頂著四面八方的壓力，放不下的事實在太多了。對功名利祿放不下，出現了買官、貪官；對金錢富貴放不下，催生了貪污、受賄；對愛情婚姻放不下，產生了癡男、怨女。

放得下是種解脫、頓悟。佛經說：「如何向上，唯有放下。」學不會放手，只知道緊握拳頭，最後可能一無所有，因你手中握著的是虛無。而懂得放手，才能擁有更多。魚與熊掌不能兼得，若太過執著，最後可能一無所有。

有一頭毛驢，離牠不遠的地方，各有一堆青草，兩堆草的好壞、多寡、距離都相同，毛驢在中間遊移不定，究竟該吃哪堆呢？想吃這堆，又捨不得那堆，結果哪堆也沒吃到，最後餓死了。這故事告訴我們，面對取捨與選擇，放不下的人是不會有好結果的。毛驢就是因在利益誘惑面前，飄忽不定，沒有放下

「包袱」，不懂得取與捨的生存意義，結果餓死了。

多數人認為，人生最大的成就，是不斷得到自己想要的；但現實恰好相反，放得下才能使人生更完美。若緊抓不放，私心雜念會愈來愈多，腳步愈來愈沉，最終在機遇和挑戰面前，不可能積極向上，開拓創新的朝氣。蒙田曾說：「今天的放棄，正是為了明天的得到。」這是種大氣度的表現。

在這個世界上，為何有的人活得輕鬆幸福，有的人卻沉重痛苦？前者是拿得起，放得下；而後者是拿得起，放不下。放得下是種能力，更是胸懷。有些是自然的放，放得無怨無悔；有些是無奈的放，放得不情不願。自然的放，可以放得瀟灑，放得自如；無奈的放，往往成為心結，成為遺憾。自然的放，大多成為人生美好的留念；無奈的放，變成了人生苦澀的記憶。

處事時，該放就放，該斷就斷，不要因小失大。放下是順其自然的心態，人生總在取捨間，面對不同的選擇。學會知足，是智者的心態，而學會放下，幸福才能到來。

Chapter 14

人生沒有唾手可得的晚餐

人生要精采，需要大膽出擊。若一個人的一生都在當
觀眾，該是何等悲哀。

果斷出手，才能抓住機遇

善於抓住機遇的人，憑藉轉捩點開創輝煌的人生，成為春
風得意的佼佼者。但更多的人沒抓住機會，只能碌碌無為
地過一生。

機遇真是奇妙的東西。它就像一個小偷，來時沒有蹤影，離開
時卻會讓你損失慘重。只有果斷出手，抓住機遇，才有機會改
變人生，迎向更光明的未來。

十九世紀中期，一股淘金熱在美國西部興起。成千上萬的人湧
向那裡尋找金礦，幻想能一夜暴富。一個十來歲的窮孩子瓦浮
基，也想去碰碰運氣。因為窮，買不起船票，就跟著大蓬車，
忍飢挨餓地奔向西部，不久到達一個叫奧斯丁的地方。這裡金
礦確實多，但氣候乾燥、水源奇缺。找金子的人最痛苦的是，
拚死拚活工作一天，連滋潤嘴唇的一滴水也沒有。抱怨缺水的
聲音瀰漫，許多人願意用一塊金幣換一壺涼水。

這些人的滿腹牢騷，讓瓦浮基得到了十分有用的資訊。他想，
若賣水給這些找金礦的人，或許比找金子更能賺錢。他看看
自己，身單力薄，力氣比不過人家，來了這麼多天，仍一無所

獲，但挖渠找水，自己還是能辦到的。

瓦浮基買了些鐵鍬，挖井打水。他將涼水過濾，變成清涼可口的飲用水，再賣給那些找金礦的人，短時間就賺了筆可觀的數目。後來他繼續努力，成了美國小有名氣的企業家。誰也沒料到，那些不分日夜辛苦找金礦的人，沒能如發財願，反而造就了一個百萬富翁。

每個人都有成功的機會，但多數人無法成功，不是他們沒能力、沒理想，也不是不願為之付出代價，而是缺乏成功的關鍵因素——抓住機遇的能力。善於抓住機遇的人，憑藉轉捩點開創輝煌的人生，成為春風得意的佼佼者。但更多的人沒抓住機會，只能碌碌無為地過一生。能否抓住改變人生的機會，是決定成敗的關鍵。

有些人時時哀嘆命運不公，總認為別人遇到的，都是和煦的春風，自己碰到的卻是寒霜冷雨，大有懷才不遇、生不逢時之感。果真如此嗎？其實不然。上帝對待每個人都是公平的，在給予別人成功機遇時，也賜給你同樣的機會，但機遇往往不知不覺地出現，即使出現了，也是稍縱即逝。

終生平庸的約翰死後見到上帝，上帝查看了他的履歷，很不高興地說：「你在人間活了六十多年，怎麼一點作為都沒有？」

約翰辯解道：「主呀，是您沒有給我機會。若讓那顆神奇的蘋果，砸在我頭上，發現萬有引力的就不是牛頓，而是我了。」

上帝說：「我給大家的機會都是一樣的，是你自己沒有抓住它。」於是手一揮，時光倒流，回到了幾十年前的蘋果園。上帝搖動蘋果樹，一顆蘋果正好落在約翰頭上，約翰撿起蘋果，用衣襟擦了擦，幾口就把蘋果吃掉了。

上帝搖了搖頭，說：「不會抓住機會的人，再給你一百次機會也沒有用……」

老天很公平，每個人都會遇到自己的「蘋果」，當你意識到機遇出現時，一定要抓住它，千萬別掉以輕心，就算再困難，也不能輕言放棄。

不想創業的人永遠沒有事業

某些人一邊羨慕財源滾滾的成功人士，另一方面又重複著
朝九晚五的生活節奏，這是很可悲的事。

提起創業，不少人會覺得很難。特別是按部就班的上班族，很
多人都不敢試著讓自己重新開始。

創業很難嗎？關鍵在於，你是否有成熟的想法和熱情，並付諸
行動，狠心堅持下去。做為全球女性創業典範的玫琳凱，用她
的經歷為我們詮釋了這一點。

二十歲時，玫琳凱離婚了。堅強的她獨自帶著孩子生活，日子
異常艱辛。但她沒有自暴自棄，用超乎常人的毅力完成了大學
學業。畢業後的她，找了份家庭用品的銷售工作。為了取得業
績，她把每週要銷售的目標，寫在浴室的鏡子上，一早起床就
能看到，以此不斷激勵自己。

憑著刻苦的努力，十一年後，具有豐富銷售經驗的玫琳凱，在
一家名叫「禮物世界」直銷公司的主任委員會裡，占有一席之
地。她將公司的銷售領域擴展到四十三個州。不過，在二十世

紀中期的美國，男女地位非常不平等，儘管玫琳凱工作認真，仍無法改變女性的弱勢地位。令她氣憤的是，公司替她聘請了一名男助理，但僅因助理是男性，年薪就比她高出一倍！看到這種情況，玫琳凱再也不願委屈自己，她堅決向公司提出辭呈。

在家休息的玫琳凱想寫一本書，指導女性如何在男性統治的商界中生存。在寫書前，她列出兩個提綱，一是在曾工作過的公司裡，看到的好現象；另一個是她認為應改進的地方。然而，當玫琳凱仔細讀完這兩項提綱時，內心怦然一動，既然自己有這麼多想法和經驗，為何不能親自實現呢？何不自己開一家理想中的新型公司？而且這樣的公司，將會是無數女性實現價值的舞臺。

於是，玫琳凱決定創業。一九六三年九月，玫琳凱化妝品公司成立了。剛開始時，公司經營困難重重，但她帶領著團隊很快地扭轉了不利的局面，公司創立後第一年的銷售，就達到二十萬美元。一九七六年，玫琳凱公司成為第一個由女性擁有的上市公司。現在的玫琳凱公司，擁有八十五萬名美容顧問，在五大洲的三十七個國家，設有分支機構，每年零售額超過二十四億美元。

玫琳凱的企業結構，激勵了千萬女性的創業欲，很多女性都成

為她屬下的小型企業經營者。有雜誌曾驚嘆，玫琳凱所解放的女性，比美國女權運動領袖格勞瑞亞·史戴解放的還多。

沒有創業，就不可能有事業。當然，創業的路不會一馬平川，沒有堅定的信念及不放棄的精神，不可能成為一名優秀的創業者。阿里巴巴的總裁馬雲說：「在創業的道路上，我們沒有退路，最大的失敗就是放棄。」

某些人一邊羨慕財源滾滾的成功人士，另一方面又重複著朝九晚五的生活節奏，這是很可悲的事。想讓悲劇不在自己身上重演，就必須打破枯燥乏味的生活節奏，代之以富有野心、充滿願景的創業生活，狠下心以創業為自己的事業，才不會讓人生留下遺憾。

做自己人生的「伯樂」

當機遇沒發現你時，你應該主動尋找機遇，若靠守株待兔
解決生存問題，恐怕只有活活餓死的分。

在「伯樂相馬」的時代，伯樂只有一個，他生活在明處，而
「千里馬」卻有無數，生活在暗處。伯樂縱有火眼金睛，但限
於精力、智慧和時間，也無法發現所有的「千里馬」。一些幸
運的人碰到了「伯樂」，一躍成為「千里馬」，在職場、商場
或官場上縱橫馳騁，跑出一片光明前途。這些人是幸運的。不
過，「千里馬常有，而伯樂不常有」，若沒有伯樂，難道你就甘
願一輩子平庸嗎？

當然不能，應該主動出擊，用行動證明你就是千里馬。俗話
說，勇敢的鷹總把尖利的爪牙露在外面。這是主動推銷自己的
藝術，是變消極等待為積極爭取。這一點，戰國時的毛遂就做
得很好。

戰國末期，秦軍進攻趙國，兵臨趙國都城邯鄲城下。邯鄲被強
大的秦軍重重包圍，危在旦夕。為了解救邯鄲之圍，趙王派平
原君前往楚國遊說，希望楚國立即發兵救趙。平原君打算從數

千名食客中，挑選出有勇有謀的二十人隨自己前往，但挑來選去，只挑選出十九人。正在平原君萬分遺憾之時，一位門客不請自到，自薦補缺。

平原君上下打量了這位門客一番，並沒發現他有什麼特別之處，問道：「你是什麼人？找我何事？」來人答道：「我叫毛遂。聽說君侯為解邯鄲之圍，將到楚國遊說，我願跟隨君侯前往。」平原君又問：「你到我這裡多久了？」毛遂道：「三年。」

平原君說：「三年時間不算短。一個人若有特殊的才能，就像裝在布袋裡的錐子，總會顯露出尖刺來，才能不會被埋沒。可你在我府上住了三年，尚未聽說你有特殊的才能。我這次前往楚國，肩負著求援兵、救社稷的重任，沒有特殊才能的人，是不能隨同我前往的。你留下來好了。」

聽了平原君的話，毛遂非常自信地說：「君侯說得不對，並非是我沒特殊才能，而是您沒把我裝在布袋裡。若您早把我裝在布袋裡，我就像那錐子脫穎而出了。」見毛遂如此自信，平原君轉念一想，反正缺人，就讓他湊數吧。於是毛遂得以隨同前往。

到了楚國，平原君與楚王談判。儘管他將天下大勢分析得頭頭是道，指出楚國出兵救援的必要和可行性，但楚王總是不答應

出兵。他們從清晨談到中午，還沒談出結果。等在外面的二十名隨員深感焦急，大家議論紛紛，卻沒有辦法。

只見毛遂說：「形勢危急，不能再這樣等下去！」

他按劍昂首挺胸，步入大廳，來到楚王跟前說：「大王，楚趙聯合抗秦，勢在必行，這本是兩句話便能議定的事。可是，大王與君侯從早晨議到現在，也討論不出結果，這是為何？」毛遂的責問讓楚王很不高興，他氣憤地質問平原君：「他是什麼人？」平原君說：「他是我的隨員，名叫毛遂。」

楚王非常氣憤，一個隨員沒經過允許，就擅自闖進來斥責自己，太不拿外交禮儀當回事了。他對著毛遂斥責道：「寡人正與你主子議事，你算什麼人，竟敢插話！」

楚王的話激起了毛遂滿腔憤怒。他拔劍出鞘，逼近楚王，慷慨陳辭：「大王，你之所以敢斥責我，不就仗著你是大國之君，身邊的侍衛多嗎？不過，我現在告訴你，眼下在這十步之內，國大沒有用，人多也沒有用，你的性命就在我的掌握中，你叫嚷什麼？」

毛遂怒喝，楚王不作聲，額頭上汗珠直冒。

毛遂又慷慨陳詞道：「楚國是大國，本應稱霸天下。然而，大王骨子裡怕秦國怕得要死。秦國多次侵略楚國，占了許多地盤，這是多麼大的恥辱呀！想起這些，連我們趙國人都為你們感到羞憤。現在，我們想聯合你們抗秦，雖說是為了解邯鄲之圍，但同時也是藉此機會，為楚國報仇雪恨。沒想到大王是這般怯懦，難道就不感到慚愧嗎？」

毛遂一番慷慨陳詞，讓楚王無言以對。

毛遂見火候已到，又朗聲問道：「請問大王願意與趙國一齊抗秦嗎？」毛遂說這話時，語氣雖謙恭，眼裡卻露出凶光，兩眼逼視楚王，意思很明顯，若不答應，就要動手。楚王隨即連聲說：「願意，願意！」隨後與平原君簽訂出兵協議。

平原君一行人回到邯鄲，見了趙王，說：「臣此次出使楚國，多虧了毛遂先生。他能言善道，堪比百萬雄兵！」不到三天，原本籍籍無名的毛遂，成了邯鄲城家喻戶曉的人物。

毛遂是匹千里馬，在平原君府上待了三年，卻沒人知道他是位人才。他若等待平原君賞識，恐怕只好老死於伏櫪了。但他並未消極等待，而是主動出擊，先自薦到楚國，當談判陷入僵局時，又主動站出來，一番威逼和慷慨陳詞，終於讓楚王答應出兵救趙。可見，當機遇沒發現你時，你應該主動尋找機遇，若

靠守株待兔解決生存問題，恐怕只有活活餓死的分。

與其等待別人挖掘，不如主動推銷自己。不要浪費任何一次機遇，喪失一次機會，可能導致幾個月、幾年，甚至一輩子的年華被白白浪費。人生要精采，需要大膽出擊。若一個人的一生都在當觀眾，該是何等悲哀。

拖延就是對人生的不負責任

改變壞行為不要拖到明天，否則會變成習慣；拒絕誘惑不
要拖到明天，否則會造成傷害；抓住機會不要拖到明天，
否則失去後便不會再來。

有遠大志向的人，深深懂得時間的可貴，他們絕不拖延，因拖
延就是對生命不負責任。拖延是種惡習、是種毀滅的力量，
它可以把企業拖垮、可以讓人一事無成。戰場上，兩軍對壘，
形勢危及，誰先出手擊中對方，誰就獲得生機。這時你能拖延
嗎？幾秒鐘的拖延不僅會使性命不保，還會讓身邊的戰友付出
慘痛的代價。所以時間就是生命。商場上，有客戶拋出千萬訂
單，很多和你一樣的商家，都想得到這筆訂單，這時你能拖延
嗎？若拖延，煮熟的鴨子也會飛掉。所以時間就是金錢。

考場上，面對題目繁雜的試卷，你能拖延嗎？若拖延，就算你
有狀元水準，答不完題，考官也不會給足夠的分數。所以時間
就是前程。職場上，面對一項挑戰性的工作，你能拖延嗎？拖
延一下，可能會耽誤公司流程，喪失最佳競爭時機，甚至讓公
司被市場無情淘汰，所以時間就是效益。

拖延是不思進取的表現。也許有人會說，在合適的時候拖延一下，也有好處，例如在沮喪、憤怒或心情不佳時，中斷工作比勉強繼續的效果更好。我不否認此說法的合理性，但這並不意謂我們可以隨意拖延。事實上，那些在沮喪、憤怒或心情不佳時，不得不中斷工作的人，事後也會後悔「唉，真倒楣，又浪費了這麼多時間」。所以真正優秀的人，不會隨便拖延，更不會為拖延找藉口，他們認為，絕不拖延是成功者必備的優秀素質。

艾克森美孚是美國知名企業，在主管級辦公室裡，幾乎都懸掛著一面數位白板，上面顯示著一段話：「絕不拖延！若將工作拖到以後再做，會有什麼結果？」「絕不拖延」是這家公司的重要準則。公司負責人解釋，「絕不拖延，我們就能輕鬆愉快地生活和娛樂。避免拖延的唯一方法，是隨時開始行動，首先必須認識到工作的重要。此外，必須記住，沒人會替我們承擔拖延的損失，後果只能自負。如此一來，我們就能在龐大的公司裡，創造出每位員工都不拖延的奇蹟。」

拖延是種很糟的習慣。由於惰性，得過且過，今天該做的事拖到明天，現在該撥的電話，等到一兩個小時後才撥，這個月該完成的報表拖到下個月，這一季該達到的進度等到下一季等，這樣只會讓壓力愈來愈大。能拖就拖的人心情不會愉快，總覺得疲乏，因拖延並不能省下時間和精力，反而使你心力交瘁、

疲於奔命。

改變壞行為不要拖到明天，否則會變成習慣；拒絕誘惑不要拖
到明天，否則會造成傷害；抓住機會不要拖到明天，否則失去
後便不會再來。做決定不要拖到明天，否則看似英明的決策，
都會變成「馬後炮」。

勇於向今天獻出自己，明天，你將受益無窮！

敢於冒險的人生有無限可能

> 拋開剝削的因素，資本就是在冒險中積累起來的。工業資
> 本是如此，人生資本何嘗不是這樣呢？

在非洲的塞倫蓋提草原上，每年夏天都會有上百萬隻角馬，從
乾旱的塞倫蓋提北上，遷徙到馬賽馬拉的濕地。在艱辛的長途
跋涉中，格魯美地河是唯一水源。然而，格魯美地河對角馬群
來說，既是生命的希望，又是死亡的象徵。因角馬必須仰賴河
水維持生命，但河水還滋養著如灌木、大樹和兩岸的青草，使
茂密的灌木叢成為猛獸藏身的場所。炎炎烈日，焦渴的角馬群
來到河邊，獅子會突然從樹叢衝出，將角馬撲殺；在河流緩慢
之處，有許多鱷魚藏在水面下，虎視眈眈地等著角馬到來。

礙於恐懼，很多角馬在離水不遠處止步不前，雖長時間沒飲
水，但仍繼續忍受乾渴，最後死在遷徙的路上；有的角馬不懼
風險，抱著喝不到水誓不甘休的心理，勇敢地來到河邊，痛快
飲水，結果它們成功了。想活得精采、出人頭地，就一定要有
敢於冒險的精神。按部就班、四平八穩地生活，只能在原地踏
步，虛度光陰。

有的人擔心失敗，因此找很多理由，讓自己避免冒險。然而，他們卻忘了一句話，「世界上最大的冒險，就是沒有任何冒險。」沒有任何冒險的人，什麼也做不成，結果一無所有，一輩子除了羨慕，就是後悔。

與其讓自己羨慕、後悔，為何不放手一搏呢？

被譽為「冰上美人」的美籍華裔女選手關穎珊，在參加二〇〇〇年世界花樣滑冰賽時，以奪冠為目標。然而，在最後一場比賽前，她的總積分僅排名第三，在最後的自選曲項目中，關穎珊選擇大膽突破，而不是減少出錯。在四分鐘的賽程裡，關穎珊結合最高難度的三周跳，並大膽地連跳兩次。這麼做是把雙面刃，一旦失敗，結果會很難堪；一旦成功，將力挽狂瀾，反敗為勝。她認為，輸十分是輸，輸一百分也是輸，但若不放棄，反而有機會反敗為勝，儘管這種可能微乎其微，但她沒有放棄，最後成功了！面對採訪鏡頭，關穎珊深有感觸地說：「因為我不想等到失敗後，才後悔自己沒有發揮潛力。」

在激烈的競爭社會裡，一個人想脫穎而出，就必須有敢於冒險的心。因競爭環境往往充斥著可能性。馬克思說過：「當有百分之十的利潤時，資本就開始活躍；而有了百分之五十的利潤時，它就敢鋌而走險。」拋開剝削的因素，資本就是在冒險中積累起來的。工業資本是如此，人生資本何嘗不是這樣呢？

幾世紀前，「闖南洋」曾是東南沿海一帶的人，求生存、謀發展的手段。浩浩蕩蕩的「闖南洋」大軍，一批又一批地湧向東南亞，年輕的謝英福就是大軍中的一員。當他來到馬來西亞，口袋只剩下五塊錢。為了生存立足，謝英福什麼工作都做，他割過橡膠、採過香蕉、在小餐館當過服務生……很多人能想像他吃過的苦，卻沒人能想到，他後來成為馬來西亞的億萬富翁。

不少人試圖探尋謝英福的成功祕訣，卻發現他所擁有的機會，與別人並沒有不同，唯一的區別就是他敢冒險。他能在賺到十萬元時，把這十萬元全部投入新行業中。在那個動盪的投資環境下，一般人很難做到這點，因此無法突破瓶頸。

謝英福的發跡，引起馬來西亞首相馬哈迪的關注。當時，馬來西亞有家國營鋼鐵廠，經營不善，虧損高達一點五億元。首相找上謝英福，請他擔任公司總裁，設法挽救鋼鐵廠的命運。謝英福爽快地答應了。在別人看來，這絕對是個錯誤的決定，因鋼鐵廠積重難返，生產設備落後，員工凝聚力渙散，是個大黑洞，根本無法用金錢填平。

不過，謝英福面對媒體，平靜地說：「當年來到馬來西亞時，口袋裡只有五塊錢，這個國家讓我成功，現在是我報效的時候了。若我失敗了，就等於損失了五塊錢。」年近六旬的他，從

豪華的別墅搬出來，住進鋼鐵廠，在一個簡陋的宿舍裡辦公，他象徵性的薪資是馬來西亞幣一元。三年過去，企業轉虧為盈，盈利高達一點三億元，他也因此成為東南亞的鋼鐵巨頭。他又贏了，贏得讓人心服口服。

面對成功和別人的稱讚，謝英福淡淡地說：「我只是撿回了五塊錢。」

假如謝英福沒有冒險精神、沒有賭一把的魄力，也許，他也會和大多數闖蕩南洋的人一樣，一輩子只能替人割橡膠、端盤子，靠掙取薪資補貼家用。

一位成功學家說：「膽小者不敢踏出步伐，故步自封者死在路上，只有勇敢無畏的人，才能到達成功的頂點。」成功的人往往熱愛冒險，也許在第一次冒險時，他們心裡也沒有勝算，但有了第一次後，就不再認為冒險是大不了的事，風險不過就是險灘，度過後一切就會風平浪靜。

要想成功，就得敢於冒險、敢於拚搏，否則，一切的宏偉藍圖、遠大理想，都會化為空中樓閣，無所依憑，無法實現。

吃得苦中苦，方為人上人

不曾經歷飢腸轆轆的痛楚，你便不知道一粒米的珍貴；不
曾嘗過無依無靠的滋味，聽不到冷嘲熱諷的話語，看不到
不屑一顧的冰臉，你就無法塑造堅強剛毅的性格。

許多剛畢業的年輕人，最大的通病就是吃不了苦。他們總對目
前的工作不滿意，頻繁跳槽，遇到困難就想放棄。總以為自己
擁有高學歷及豐富的理論，就等於具備成功的因素。殊不知，
這是種誤解，學歷、理論並不代表能力。捨不得吃苦，最終成
為人生中的逃兵。

看看那些取得耀眼成績的企業家們，哪個不具備吃苦的精神
呢？

對王永慶稍有了解的人都知道，他沒讀過多少書，從小在米店
當學徒，後來一步步發跡，成為聞名世界的「塑膠大王」。王
永慶成功的祕訣是什麼？唯有四個字，吃苦耐勞。

王永慶小時候，家裡十分貧窮。由於他在兄妹中排行老大，從
小就擔負繁重的家務，六歲起，每天一大早起床，赤著腳，

提著水桶，一步步爬上屋後的小山坡，再趕到山下的水潭去汲水，然後從原路挑回家，一天往返五、六趟，十分辛苦。不過，這也鍛鍊了他的耐力。

小學畢業後，為了維持一家的生計，王永慶沒有升國中，而是來到嘉義某家米店當學徒。在那裡待了約一年，他父親見他有獨立創業的潛能，就向親友借了兩百塊錢，幫他開了家米店。米店雖小，但王永慶用心經營，為了建立客戶關係，精心盤算每個客戶的消耗量。比如一家十口，每月需米二十斤，五口家就是十斤，他按此設定標準，當某家的米差不多快吃完時，就主動將米送到顧客家，這種周到體貼的服務，一方面確保顧客家不會缺米，另一方面也讓顧客不用親自跑一趟，尤其是那些老弱病殘的顧客，更是感激不盡。自從買過王永慶的米後，再也沒到別家米店去過。

當然，王永慶送米上門，不一定能馬上收到款項，但他不以為意，他想，對多數領薪水的人來說，未到發薪日，手頭上也沒幾個錢。於是他牢記每個顧客是在哪一天領薪水，就選那一天去收米款，十有八九都能讓他滿意而歸。

王永慶是個胸懷大志的人，他不滿足只賣米，為了減少從碾米廠採購所增加的支出，他增添了碾米設備，自行碾米。在王永慶經營米店同，隔壁有一家日本人開的碾米廠，一到下午五

點，就要停工休息，但王永慶則一直工作到晚上十點半，結果，緊鄰的兩家碾米廠，日本人的業績總落後王永慶。

吃得苦中苦，方為人上人。若你不能狠下心吃點苦頭，就無法積累足夠的經驗。紙上談兵很難成功，所以對剛出社會的年輕人來說，唯有吃苦耐勞、以勤補拙，才能真正走向成功。吃苦，也是一種資本。不曾經歷飢腸轆轆的痛楚，你便不知道一粒米的珍貴；不曾嘗過無依無靠的滋味，聽不到冷嘲熱諷的話語，看不到不屑一顧的冰臉，你就無法塑造堅強剛毅的性格。苦，可以折磨人，也可以鍛鍊人；蜜，可以養人，也可以害人。

若不怕肉體勞累，不怕心理折磨，不怕事業起伏，不怕奮鬥艱險，那還有什麼理由不成功呢？「苦盡甘來」就是其中的道理。在生活中，在事業上，在人生的旅途中，凡成功之人，誰不是先吃苦，才會獲得甜呢？所以吃苦就是種資本，是保證今後能得到甜的資本。

人生愛拚才會贏

「一定要成功」這種內在的推力，是最神奇有趣的東西。
一個人要做大事，絕不能缺少這種力量，因它能驅動你不
停地提高自己的能力。

一個做保險業務員的朋友，曾對我說過一句激勵人心的話，
「我們不是想成功，也不是要成功，而是一定要成功！」

「想要成功」與「一定要成功」有本質上的區別，結果也會天
壤之別。人的身上，有種神奇的力量，使我們堅定不移地朝目
標努力，它不允許我們有絲毫懈怠，並召喚我們不斷向更高的
境界攀登，只要狠得下心，就一定能有所成就。

麥克是美國當代最偉大的推銷員。麥克的推銷生涯，是從一家
報社當廣告業務起步的。他從一開始便採取截然不同的拉廣告
方式，別人是哪裡容易拉到廣告，就往哪裡跑，麥克卻替自己
列了份別人都招攬不成的客戶名單，作為業務對象。

在正式去拜訪這些別人都大搖其頭的客戶前，麥克總先到報社
旁的公園，將名單上的客戶念一百遍，然後對自己說：「在這

個月內，你將向我購買廣告版面。我一定會成功！一定會！」
當然，實際情況並沒想像中輕鬆。曾有個商人，不論麥克怎麼
努力，他都一口回絕。每天早晨商店開門後，麥克就進去請
求他，在自己所任職的報紙刊登廣告。每次商人態度堅決地
說「不」後，麥克就默默離開，第二天照樣過去。就這樣，在
這個月的最後一天，那位已連續對麥克說了三十天「不」的商
人，終於忍不住開口：「你已經浪費了整整一個月，說服我買
你的廣告版面。究竟為何要這麼做呢？」

這時，麥克回答：「不，我並沒有浪費時間。這一個月裡，我
就像在上學，而你就是我的老師，一直在訓練我的自信。」聽
了這話，商人不禁點了點頭，接著感慨道：「哦，我也得向你
承認，這一個月裡，我也像在上學，而我的老師是你，你已教
會了我『堅持』這門課。這對我來說，是比金錢更有價值的。
為了表示感激，我決定買你的廣告版面，當作學費。」

「一定要成功」這種內在的推力，是最神奇有趣的東西。一個
人要做大事，絕不能缺少這種力量，因它能驅動你不停地提高
自己的能力。狠下心，一定要成功，不到最後絕不甘休。這種
精神，能使很多難以完成的事成真。

福勒是美國路易斯安那州佃農的孩子，一家人非常窮苦。福勒
從五歲時就開始工作，這並不是什麼特別的事，農民或窮人的

家庭都這樣。這些家庭認為，他們的貧困是命運的安排，因此不求能改善生活。但福勒的母親是優秀的農婦，她絕不這樣認為。她知道，在繁華的世界中，他們家卻如此貧困，一定有什麼蹊蹺。於是，她說：「福勒，我不願意聽到你們說：『貧困是上帝的旨意。』不是這樣的。《聖經》裡的每一個字，都是想讓我們富起來。為何你不去做能出人頭地的事呢？」這段話在福勒的心靈刻下深深的烙印，改變了他的一生。

「我要致富！我要出人頭地！」他在心裡嘶喊，決定把經商做為生財的道路，最後選擇肥皂事業。於是，他當起流動銷售員，叫賣肥皂十二年。後來，他獲悉供應他肥皂的那家公司即將拍賣，售價是十五萬美元。他已存有兩萬五千美元。雙方達成協定，他先交兩萬五千美元的保證金，十天之內付清剩下的金額，若付不出來，他將喪失全部的積蓄。機會來了，但風險極大，福勒很積極地去完成這件事，並成功了。

後來他是這樣說的：「我心裡有數，即使當時的情況太冒險。我從客戶、朋友、信貸公司和投資集團那裡獲得了援助。在第十天的前一晚，我已籌集十一萬五千美元，但還差一萬。我沒辦法了，真要命！那時已是深夜，我在幽暗的房裡，一遍又一遍地禱告，渴盼奇蹟出現。可是我知道，奇蹟是騙人的，於是毅然走出房門，仔細地搜尋。夜幕低垂，我沿著芝加哥六十一號大街走去。走過幾條街後，看見一間承包商事務所亮著燈，

於是激動地走進去。我在那裡看到一個因熬夜工作而疲乏不堪的人，覺得很面熟，於是我鼓起勇氣問：『先生，您想賺一千美元嗎？』我直接進入正題，嚇得這位承包商向後仰去。『是呀，親愛的！』他答道。我一聽見『親愛的』這個詞，立刻就放鬆下來。『那麼，親愛的，請給我一張一萬美元的支票，當我還款時，將另付一千美元給你。』我對他誠懇地說。接著把其他有親筆簽字的借款單，給這位承包商看，並詳細解釋這次的具體情況。承包商聽了很感動，決定支持我。於是我如期付了買肥皂公司所需的資金，有了這家公司，一切就能自然地發展了。」

福勒先生強調的正是「狠下心，一定要成功」！

Chapter 15

拚一把，讓明天的你感謝今天的自己

只有經歷地獄般的折磨，才有征服天堂的力量；只有
抱著對自己狠一點的決心，才能品嘗成功的甘甜。

永遠做最出色的那個人

不管你從事什麼職業，無論有那些技能，你都應該當這領
域最出色的那個人。

多年前，一個妙齡少女來到東京帝國酒店當服務生，這是她的
第一份工作，也就是說，她將在這裡正式步入社會，邁出人生
的第一步。因此她很激動，暗下決心，一定要好好做。然而，
上司竟安排她洗廁所！

說實話，這是沒人想做的工作，何況她從未做過粗活，細皮嫩
肉，能順利完成嗎？洗廁所時，視覺、嗅覺及體力上都讓她難
以承受，當她用白皙細嫩的手，拿著抹布伸向馬桶時，胃裡隨
即翻江倒海，噁心得想吐又吐不出來，太難受了。而上司對她
的工作品質要求特別高，叫她必須將馬桶刷洗到光潔如新。

她當然明白「光潔如新」是什麼意思，更明白自己不適應這份
工作，難以實現「光潔如新」的高標準要求。因此她陷入困
惑、苦惱，也痛哭過。她面臨這一步該如何走下去的抉擇，是
硬著頭皮繼續做，還是另謀出路？繼續做下去，太難了！另謀
出路，不就是知難而退？人生豈有退堂鼓可打？她不甘心就這

樣敗陣，因想起自己初來時曾下的決心——人生第一步一定要
走好，馬虎不得。

正在關鍵時刻，同單位的前輩出現在面前，幫她擺脫了困惑和
苦惱，更重要的是，協助她認清人生路該如何行走。但他並沒
有用空洞的理論說教，而是親自示範給她看。他一遍又一遍地刷
洗馬桶，直到它光潔如新，臉上才露出燦爛的笑容。他本是個
相當有身分的人，但並沒有把刷馬桶當作一件不光彩的工作。

實際行動勝過萬語千言，他不用言語，就告訴她一個簡單的真
理——光潔如新是辦得到的事。他給她一個含蓄、富有深意的
微笑，送她一束關注、鼓勵的目光，這已足夠了。她激動到不
能自持，目瞪口呆，熱淚盈眶。她痛下決心，「就算一生洗廁
所，也要做一名洗得最出色的人！」

從此，她成為一個積極的人，工作品質也達到高水準。她漂亮
地踏好人生的第一步，開啟了她的成功人生。幾十年過去，她
由一名普通的百姓，晉升到政府的主要官員——郵政大臣。她
的名字叫野田聖子。

野田聖子堅定不移的信念，表現在她強烈的敬業心上，「就算
一生洗廁所，也要做一名將廁所洗得最乾淨的人。」這就是她
成功的祕訣。不管做什麼，就要盡最大的努力做好。若不能成

為山頂的勁松，就做一叢最好的小樹，生長在山谷中，一樣沉浸於歡樂，接受風雨考驗。若不能當太陽，就當一顆明亮的星星，於黑暗中發出光亮，為迷路者照亮回家的路。即使失敗，再重新站起來，因為要做，就做最好的自己。

劍橋世界第一名女性打擊樂獨奏家伊芙琳・格蘭妮說：「從一開始我就決定，一定要成為著名的音樂家。」她生活在蘇格蘭東北部的農場，八歲時開始學習鋼琴。隨著年齡增長，她對音樂的熱情與日俱增。但不幸的是，她的聽力卻逐漸消失，醫生斷定是神經損傷所造成，且難以復原，到她十二歲時，將徹底失聰，然而她對音樂的熱愛從未停止。

她的目標是成為打擊樂獨奏家，雖然當時並沒有這一類的音樂家。為了演奏，她學會用不同的方法「聆聽」其他人的演奏。她只穿長襪演奏，這樣就能透過身體和想像，感覺到每個音符的震動，她幾乎用所有感官，來感受整個世界。她決心成為一名音樂家，而不是一名失聰的音樂家，於是向倫敦著名的皇家音樂學院，提出入學申請。因以前從沒有失聰的學生申請過，所以一些老師反對她入學，但她的演奏征服了所有老師，並在畢業時榮獲學院的最高榮譽獎。從那以後，她致力於成為第一位專職的打擊樂獨奏家，並且為打擊樂獨奏譜寫和改編許多樂章，當時幾乎沒有專為打擊樂譜寫的樂譜。至今，她成為獨奏家已有十幾年的時間了。

從上面兩個例子中，可以知道，不管你從事什麼職業，無論有那些技能，你都應該當這領域最出色的那個人。因它能讓每個努力成就自我的人，在未來的路上開創一片天地。

狠角色絕不輕言放棄

當你要放棄時，其實離成功只有一步之遙了。關鍵時刻再
堅持一下，就能拿到開啟成功之門的鑰匙。

你知道世界上最大、最純淨的鑽石，是怎麼被發現的嗎？

索蘭諾和朋友從河邊出發，一起尋找寶石。在尋寶過程中，前
幾個月一無所獲。因整日撿石頭、洗石頭，他們累彎了腰，
卻仍沒發現一點希望。他們衣衫襤褸，手掌上全是繭。索蘭諾
備受打擊，身心疲憊，坐在乾涸河床的大石頭上，對夥伴說：
「我受不了了！再堅持下去也沒用，看到這些鵝卵石了嗎？我
已經撿了九十九萬九千多顆了，還找不到一顆鑽石，再撿下去
就是一百萬顆了，有什麼用？我不幹了！」

他的夥伴沉著臉說：「再撿一塊吧，湊成一百萬吧。」「好
吧……」索蘭諾說著，彎下腰，抓了把石頭，從中挑出一塊，
居然有雞蛋般大。「喏，給你！」他說著，「最後一塊。」可
是，他覺得這塊石頭太重了，又看了一眼。「天哪，竟然是塊
鑽石！」他叫了起來。這塊鑽石以兩百萬美元的價格，被紐約
一位珠寶商收購，並取名為「自由者」，是迄今世上最大、最

純淨的鑽石。

當你要放棄時，其實離成功只有一步之遙了。關鍵時刻再堅持一下，就能拿到開啟成功之門的鑰匙。

有個農民的兒子，只念完小學，就因家裡沒錢而輟學。他十三歲時父親便去世，家庭的經濟全壓在他肩上。八〇年代時，為了生計，他把一塊水窪挖成池塘，想養魚。但里長告訴他，水田不能養魚，只能種稻，他只好又把水塘填平。這件事成了鄉里間的笑話。他聽說養雞能賺錢，於是向親戚商借五百塊，養起了雞。但一場洪水過後，雞群得了瘟疫，幾天內全部死光。後來他釀過酒、捕過魚，可都沒有賺到錢。

他三十五歲時，還沒有結婚成家，即使是離婚有孩子的女人，也看不上他。因為他只有一間土屋，且這屋子隨時有可能在大雨後倒塌。但他沒有灰心，還想再拚搏，於是四處借錢，買了輛手扶拖拉機。不料，上路不到半個月，拖拉機就載著他衝入河裡，他斷了一條腿，成了瘸子。拖拉機被人從水裡撈起來，已支離破碎，變成一堆廢鐵。

幾乎所有人都感嘆這位農民命苦，這輩子無法翻身了。但他後來終於抓住機遇，創了一家公司，慢慢發展。現在他已擁有兩億元的資產。這位農民企業家的成功經歷，告訴我們，「人只

要有一口氣在，只要還活著，就要狠下心，絕不放棄！」

若想做大事，就要有顆堅強的心，堅持下去才能獲得成功。
《簡愛》的作者曾說過，「人活著，就是為了含辛茹苦。」人的
一生肯定有各種壓力，內心經常受煎熬，但這才是真實的人
生。沒有壓力，人生就會輕飄飄的，肯定無所作為。選擇壓
力，堅持往前衝，就能成就自己。

成功者絕不放棄，放棄者絕不會成功。狠下心堅持住，有什麼
事做不成呢？

做一杯用沸水沏的茶

> 假如我們是茶葉，命運何嘗不是一壺熾熱的沸水呢？茶葉
> 因沸水而釋放深蘊的清香。生命何嘗不是如此？唯有遭遇
> 挫折與坎坷，才激發人生那股股幽香。

曾有一句著名的廣告臺詞，「男人，就要對自己狠一點！」這
句廣告詞傳達的內涵，其實就是——男人想要成功，就必須對
自己狠一點。

細細琢磨，又何止是男人需要對自己狠心呢？若想成功、想有
所作為，就要對自己狠一點！自憐、傷懷、退縮，只會讓自己
更禁不起風雨的打擊，結果像溫室花朵，活不出一片天地。只
有對自己狠心，讓自己經歷歲月磨鍊，狠狠地與困難廝殺，不
惜頭破血流、遍體鱗傷，才能站在人生的新高度。

某個年輕人經商失敗，一蹶不振地來到普濟寺，尋到老僧釋圓
師父，他沮喪地對師父說：「人生總不如意，活著也是苟且，
有什麼意義呢？」

釋圓靜靜地聽完年輕人的嘆息後，吩咐小和尚說：「燒一壺溫

水送過來。」片刻後，小和尚提來一壺溫水，釋圓抓了把茶葉，放進杯子，用溫水沏茶，放在茶几上，微笑著請年輕人喝茶。

杯子冒出微微水氣，茶葉靜靜浮著。年輕人不解地問：「溫水怎麼沏茶？」釋圓笑而不答。年輕人細品茶水，不由得搖搖頭，「這茶沒一點兒茶香。」釋圓說：「這可是閩地名茶鐵觀音呀。」年輕人又端起杯子品嘗，肯定地說：「真的沒有茶香。」

釋圓又吩咐小和尚：「再去燒一壺沸水送來。」一會兒後，小和尚便提了一壺沸水進來。釋圓起身又取過一個杯子，放進茶葉，倒入沸水，再放到茶几上。年輕人俯首看去，茶葉在杯子裡上下浮沉，絲絲清香飄來，令人望而生津。

年輕人想伸手端茶，釋圓作勢擋開，又提起水壺注入沸水。茶葉翻騰得更劇烈了，一縷更醇更醉人的茶香嫋嫋升騰，在禪房瀰漫開來。釋圓注入五次水，杯子終於滿了，那淡綠的茶水，捧在手上清香撲鼻，入口沁人心脾。

釋圓笑道：「施主可知道，同是鐵觀音，為何茶味迴異嗎？」

年輕人思忖說：「一杯用溫水，一杯用沸水，沖沏的水溫不同。」

釋圓點頭，「水溫不同，茶葉的沉浮就不同。溫水沏茶，茶葉泡不開，輕浮水上，怎會散發清香？沸水沏茶，反覆幾次，茶葉沉沉浮浮，終會釋放出四季的風韻。既有春的幽靜、夏的熾熱；有秋的豐盈、冬的清冽。世間芸芸眾生，又何嘗不是沉浮的茶葉呢？那些沒吃過苦的人，就像溫水沏的茶葉，只在生活表面漂浮，浸泡不出生命的芳香。而那些風吹雨淋的人，如被沸水沖沏的茶葉，在滄桑歲月裡幾度沉浮，才有那沁人的清香呀！」

浮生若茶，假如我們是茶葉，命運何嘗不是一壺熾熱的沸水呢？茶葉因沸水而釋放深蘊的清香。生命何嘗不是如此？唯有遭遇挫折與坎坷，才激發人生那股股幽香。

人活著不能庸庸碌碌、虛度光陰，至少不能甘於平庸。生活的理想，就是為了理想地生活，活著，就要活出一片天地。成功看似離我們遙遠，但要相信，生活中沒什麼完成不了的事，就看你有沒有野心去做。

只有經歷地獄般的折磨，才有征服天堂的力量；只有流過血的手指，才能彈出世間的絕響。只有抱著對自己狠一點的決心，才能品嘗成功的甘甜。

你無法讓所有人滿意，那就盡心做好自己

雖然我們管不住別人的嘴巴，阻擋不了別人的挑剔和指
責，但我們可以選擇面對指責的態度。只要問心無愧，就
能做到泰然自若。

你不可能讓所有人都喜歡你，因為大家的喜好五花八門。同樣
的，無論你做任何事，也不可能讓所有人都滿意。

某天，一對父子趕著一頭驢進城，兒子在前，父親在後，半路
上有人嘲笑他們：「真笨，有驢子竟然不騎！」父親聽了覺得
有理，便叫兒子騎上驢，自己跟在後頭走。走了不久，又有人
議論：「真是不孝的兒子，自己騎驢子，讓老父親走路。」

父親於是叫兒子下來，自己騎上驢背。走了一會兒，又有人
說：「這人真是狠心，自己騎驢，讓孩子走路，不怕累著孩
子？」父親連忙叫兒子也騎上驢背，心想，這下總沒人議論了
吧！誰知，又有人說：「驢那麼瘦，人騎在驢背上，不怕把牠
壓死？」

最後，父子倆把驢子的四隻腳綁起來，一前一後用棍子扛著。

在經過一座橋時，驢子因為不舒服，掙扎了一下，不小心掉到河裡淹死了。

現實生活中，很多人就像故事中的父子，過分在乎別人的看法，總希望自己的行為得到所有人的認同，所以人家說什麼，他就聽什麼。結果適得其反，不僅沒有做到最好，反而把事情弄得一團糟。你不可能讓所有人都滿意，所以面對誤解和指責，就該狠下心，充耳不聞，專心做自己的事，堅持走自己的路。但丁有句名言，「走自己的路，讓別人說吧。」

這句話應該當成我們的座右銘。

有些人總一味想討好每個人，不希望得罪任何人，缺乏主見，無法分辨事情真相。無論這樣做的目的是什麼，你都要認清，想面面俱到，想讓每個人都開心，那是絕對不可能的。因為在做人方面，你不可能顧及每個人的利益，有時你認為兼顧了，可別人卻認為你自私，因此根本不領情；在做事上，你更不可能顧及每個人的立場和看法，因大家的思維模式和價值觀都不同，所以無論你怎樣做，都有人不滿意。想面面俱到，反而把自己累死。因為怕別人有意見，只能小心察言觀色，揣摩他人心思，這會使你身心俱疲。

從前有位畫家，想畫一幅人人都喜歡的畫。經過幾個月的努

力，他把畫好的作品拿到市場上，在旁邊放了支筆，並附上說明：親愛的朋友，若你認為這幅畫哪裡有欠佳之處，請賜教，並在畫中標出記號。晚上，畫家取回畫時，發現畫面全塗滿記號，沒有一處不被指責。畫家心中十分不快，對這次嘗試深感失望。

畫家決定換個方法再試試。於是，他又畫了張相同的畫，拿到市場上展出，但這次他要求每位觀賞者，將其最為欣賞的妙筆標上記號。結果，之前曾被指責的地方，都換上讚美的標記。最後，畫家感慨地說：「我現在終於明白，自己只要讓一部分人滿意就夠了。因為在有些人看來醜的東西，在另一些人眼裡恰恰是美好的。」

無論何時，在我們四周總有挑剔、苛刻的目光審視我們。批評是別人說的，日子才是自己過的。雖然我們管不住別人的嘴巴，阻擋不了別人的挑剔和指責，但我們可以選擇面對指責的態度。只要問心無愧，就能做到泰然自若。

「敢為天下先」是一種無畏的氣概

> 每個人身上都有驚人的潛質，之所以沒有成功，是因為還
> 沒有被發掘出來。你不能老是跑在別人後面，循規蹈矩，
> 放任自己碌碌無為。

「敢為天下先」不僅是句口號，更是種做人的姿態、無畏的氣概。將這種理念深深植入大腦，注入到行動中，你必將成為勇往直前的勇士，開拓人生新天地。

某家大公司為了招聘優秀的推銷員，替前來應徵的數百名大學生出了一道題：一個月內，把一百把梳子推銷給和尚。許多人都打退堂鼓，因和尚根本不用梳頭，叫和尚買梳子？開什麼玩笑！但一個月後，仍有三個人到公司彙報成績。

第一個說：「我跑了三座寺院，受到無數和尚的斥責，仍不屈不撓，終於感動了一個小和尚，他買了一把梳子。」

第二個說：「我去了一座著名山寺，由於山高風大，把前來進香的善男信女的頭髮都吹亂了。我對住持說：『蓬頭垢面對佛不敬，應在每座香案前放把木梳，讓善男信女梳頭。住持認為

有理。廟裡共有十座香案，我就賣掉十把梳子。』」

第三個說：「我去了一座頗有名氣的深山寶寺，那裡朝聖者雲集。我找到住持，對他說：『凡來貴寺進香朝拜者，都有顆虔誠之心，貴寺應有所回贈才是。您的書法功力深厚，若在木梳上，刻上您親筆書寫的字做回贈，必受歡迎。』住持聞聽此言，開心說道：『我怎麼沒想到呢！』於是爽快地買下一百把梳子。」

毫無疑問，賣出一百把梳子的人是最成功的，他成功原因在於，用別人忽略的面向來思考問題，進而賣出產品。

若想獲得成功，就必須具有「敢為天下先」的狠勁。

中國最大的網路遊戲商盛大集團董事長陳天橋，就是「敢為天下先」的人。盛大創立之初，中國還是「.com」的空白區，陳從網路遊戲中，敏銳地看出巨大的發展空間，便以社區遊戲為主業，建立了虛擬社群，短短數月便擁有一百萬左右的註冊用戶，因此獲得中華網三百萬美元的風險投資。這是陳天橋「無畏」的好機會。

二○○○年末，網路步入冬季，陳天橋面對危機，再次做出選擇——從社區遊戲轉向角色扮演類遊戲。雖他的社區遊戲在當

時相當出色，但在二〇〇一年春天，韓國Actoz公司老闆揣著《傳奇》遊戲，到中國尋找網路營運商，與陳天橋一拍即合。盛大公司以三十萬美金的價格，購買《傳奇》在中國的獨家代理權。陳　天橋又完成了一次冒險。

但中華網不能接受盛大的選擇，提出撤資。「當時幾乎沒有後援，這是非常大的心理壓力，破釜沉舟，在此一戰。」陳天橋的底牌是，「中國電影工業發展了那麼多年，到二〇〇二年，總票房收入只有九億，而二〇〇二年，整個網路遊戲才興起一年，產值就有九點二億。」這一把賭得非常大，但隨著《傳奇》這局牌一張張地揭開，盛大贏了。這一連串的資本運作，也完善了盛大自身的產業格局，陳天橋的互動娛樂帝國，開始變得全面和立體。

低調的他，卻敢對中國網路娛樂業的老大地位大包大攬。「現在中國網路遊戲市場，盛大占了百分之六十。老二是誰，我也不清楚，盛大關注的不是身後的對手，而是怎麼向上發展。在百米賽跑衝刺的階段，跑在第一個的人，想的是如何衝得更快，絕不會回頭，看誰在後面追趕。」

盛大集團經營網路遊戲的巨大成功，無疑和董事長陳天橋獨到的眼光，以及「敢為天下先」的氣概有關。每個人身上都有驚人的潛質，之所以沒有成功，是因為還沒有被發掘出來。你不

能老是跑在別人後面，循規蹈矩，放任自己碌碌無為。

人生就是場比賽，和自己比，和別人比。也許有人會說，既然
只有一個人能得第一，我何必拚命？但若你連「爭第一」的勇
氣都沒有，最後就連參賽的資格也會失去。

小事全力以赴，大事水到渠成

> 沒有人可以一步登天，若你能認真地對待每件事，把平凡
> 的小事做好，那麼人生之路就會愈來愈廣。

古人云：「一屋不掃，何以掃天下。」大多數人無法理解這句
話。

峨山禪師是白隱禪師晚年的得意門生，他不僅禪理領悟得非常
深刻，且回答別人的問題時能隨機應變，很像白隱禪師當年
的風格。隨著歲月流逝，峨山禪師也老了，但許多事仍親力親
為。

有一天，他在庭院裡整理被單，累得氣喘吁吁，一個人偶然看
到了，好奇地問：「這不是大名鼎鼎的峨山禪師嗎？您德高望
重，有那麼多弟子，為何這些小事還要您親自動手嗎？」

峨山禪師微笑著反問：「我年紀大了，老年人不做點小事，還
能做什麼呢？」

那人說道：「老年人可以修行、打坐呀！那輕鬆多了。」

峨山禪師露出不滿的神色，反問道：「你以為只念經、打坐叫修行嗎？那佛陀為弟子穿針、為弟子煎藥，又算什麼呢？做小事也是修行啊！」

那人面露愧色，因而了解到生活中處處有禪。

正如峨山禪師所言，做小事也是修行，是參禪必不可少的法門。徒有凌雲之志而不擅從小事做起，僅是不切實際的空想罷了。世間之大事無不由小或積、或延、或變而來，這道理人人皆知。然而，如今仍有人輕視身邊的小事，不相信其對於造就成功者，有著巨大的影響。

我們每個人所做的工作，都是由一件件微不足道的小事組成。一個毫不起眼的變化，就能起到關鍵作用。

英國有位青年，在裝訂廠當工人時，常去聽當時享譽歐洲的化學家大衛的演講。他把大衛所有的演講報告抄寫、整理，並裝上羊皮封面，一次次寄給大衛。大衛為之感動，請他來面談。這位青年很想在大衛的實驗室工作，但大衛拒絕了，說：「你年紀也不小了，卻沒受過什麼教育，還是回裝訂廠去吧！」這無異於給這位青年當頭潑了盆冷水。

若是一般人，被人如此無情地拒絕，還有什麼可說呢？這位青

年則不然，他十分堅持，並說自己能從雜工做起。結果他被錄用了。就這樣，這位青年從普通的雜工，一步一步當上實驗室助手，並有了一系列的創造發明。他被後人尊稱為「電學之父」，最終的成就還超越大衛。

這位從小事做起，並成就大業的青年人，就是大名鼎鼎的法拉第。

由此可見，偉大的事業常出自平凡，想成就大事必須先做小事，如同高樓大廈，是靠一磚一瓦層層建造起來的。世上許多善於處世的人，無一不是在平凡的崗位從小事做起，以成就一番事業。只有這種事業，才會持續壯大、發展，靠投機取巧起家的暴發戶，來得快，去得也快。

沒人可以一步登天，若能認真對待每件事，將平凡的小事處理得宜，那麼人生之路就會愈來愈廣，成就大事的願望就一定能實現。

你能，是因為你認為自己能

不管你的天賦多高，能力多大，在事業上的成就不會高過你的自信。正如一句名言所說：「他能，是因為他認為自己能；他不能，是因為他認為自己不能。」

這裡有一個鼓舞人心的故事。

有一對小兄弟，經常跟著父親去放牧。一天，他們躺在草地上，仰望著藍天白雲，突發奇想，要是自己也能長出翅膀，像鳥般飛上天空，那該多好啊。

這時，一群大雁飛過他們頭頂，兩人從草地上一躍而起，想隨著大雁「飛」起來，可怎麼也飛不起來。小兄弟沮喪地問父親，為何大雁能飛，但他們不能飛？

「只要你們想飛，就能飛起來。」父親肯定地告訴他們。

「我們想飛，為什麼還是飛不起來？」

「那是你們想得還不夠。」

小兄弟倆信以為真，便每天想著如何讓自己飛起來。無論酷暑或寒冬，他們從不放棄。一九〇八年，他們根據風箏和鳥類的飛行原理，製造出人類歷史上第一架飛機。他們終於騰空而起，成功地飛上理想的藍天。

這對小兄弟，就是飛機的發明者，美國萊特兄弟。

今天，在美國太空總署的大門上，寫著人類對宇宙的豪邁宣言，「只要人類能夢想的，就一定能實現」。信心是股巨大的力量，它能夠使平凡的小事產生神奇的效果，只要在心中埋下自信的種子，就一定能開出美麗的花朵，結出豐碩的果實。

在某個小村子裡，流傳著一個感人的故事。

某個偏遠山村叫薑村，這個小村子因每年都有幾個人考上大學、碩士甚至博士而聞名。方圓幾里內，沒有不知道薑村的人。人們會說，就是那個出大學生的村子。久而久之，人們不叫它薑村，大學村成了薑村的新村名。

薑村只有一所小學，每年級各一班。過去，一個班只有十幾個學生。現在不同了，方圓十幾個村，只要在薑村有親戚朋友的人，千方百計要將孩子送到這裡。人們說，把孩子送到薑村，就等於把孩子送進大學。在驚嘆薑村奇蹟的同時，人們也都在

問：「是薑村的水土好嗎？是薑村的父母掌握教育的祕訣嗎？」但假如你去問薑村的居民，他們不會告訴你答案，因為他們對於祕訣也一無所知。

二十多年前，薑村小學來了一位五十多歲的老師，聽說這位老師是名大學教授，卻不知為何被調到這偏遠的小村子。這個老師任職一段時間後，村裡就流傳著一個傳說，說他能預測孩子的未來。原因是，有的孩子回家告訴家長，老師說，他將來能成為數學家、作家、音樂家等。不久，家長們發現，他們的孩子和以前不大一樣了，變得懂事、好學，好像真的有數學家、作家、音樂家的天分。被老師說會成為數學家的孩子，對數學的學習更加刻苦；被預言會成為作家的孩子，語文成績更加出類拔萃。孩子們不再貪玩，家長不用像以前那樣嚴加管教，因他們都被灌輸這個信念──他們將來都是傑出之人。家長們很納悶，也半信半疑，莫非孩子真的有天分，而老師破了天機？

多年過去，奇蹟發生了。這些孩子到了大學入學考試時，大部分以優異的成績考上大學。而這個老師因年紀大了，準備退休，他把預測的方法教給下一位老師，接任的老師也以同一種方式，持續預測學生們的未來。但他們堅守著老教授的囑託，千萬不能把這個祕密，告訴給村裡的人。

原來，這個祕密就是在孩子幼小的心靈中，栽種自信的種子。

世上還有什麼力量能超過自信呢？不管你的天賦多高、能力多大，在事業上的成就不會高過你的自信。正如一句名言所說：「他能，是因為他認為自己能；他不能，是因為他認為自己不能。」

高寶書版集團
gobooks.com.tw

高寶文學 006
將來的你，一定會感謝現在拚命的自己

作　　者　湯木
編　　輯　盧巧勳
校　　對　林俶萍、盧巧勳
排　　版　趙小芳

發 行 人　朱凱蕾
出　　版　英屬維京群島商高寶國際有限公司台灣分公司
　　　　　Global Group Holdings, Ltd.
地　　址　台北市內湖區洲子街88號3樓
網　　址　gobooks.com.tw
電　　話　(02) 27992788
電　　郵　readers@gobooks.com.tw（讀者服務部）
　　　　　pr@gobooks.com.tw（公關諮詢部）
傳　　真　出版部　(02) 27990909　行銷部 (02) 27993088
郵政劃撥　19394552
戶　　名　英屬維京群島商高寶國際有限公司台灣分公司
發　　行　希代多媒體書版股份有限公司/Printed in Taiwan
初版日期　2017年3月

國家圖書館出版品預行編目(CIP)資料

將來的你，一定會感謝現在拚命的自己／湯木
著. -- 初版. -- 臺北市：高寶國際出版：
希代多媒體發行, 2017.03
　面；　公分. -- (高寶文學：006)

ISBN 978-986-361-384-8(平裝)
1.成功法　2.自我實現

177.2　　　　　　　　　　106000558